Das große ☆ Fan ☆ Buch

Anna Dreher

Lena Oberdorf

VERLAG DIE WERKSTATT

Inhalt

DEUTSCHER
FUSSBALL-BUND

Vorwort

Jahrhunderttalent. Wer von Anfang an mit der größtmöglichen Erwartungshaltung umgehen muss, kann an diesem Druck zerbrechen – oder erst recht aufblühen. Lena Oberdorf ist daran gewachsen. Wobei: Bereit war sie schon immer, ob in der Bundesliga oder im Nationalteam. Meistens die Jüngste, früh Führungsspielerin, stets eine der Besten. Ihr Weg ist beeindruckend – und noch lange nicht vorbei.

Als der FC Bayern im Frühjahr 2024 diesen einen Transfer vermeldete, war die Aufregung groß. Ein Coup! Lena Oberdorf würde im Sommer tatsächlich vom Dauerrivalen VfL Wolfsburg nach München wechseln. Damit hatte der Klub sich gegen viele Konkurrenten durchgesetzt im Wettstreit um eine der besten Fußballerinnen der Welt. Mit 16 das Debüt in der Bundesliga und im DFB-Pokal, in beiden Spielen direkt Tore geschossen. Mit 17 in ihrem erst vierten Einsatz für die Nationalelf jüngste deutsche WM-Debütantin, bis dahin hielt diesen Rekord eine gewisse Birgit Prinz. Dabei wirkte Oberdorf ohnehin so routiniert, als spiele im Körper einer Teenagerin eine Rekordnationalspielerin. Schon bei ihren ersten Auftritten auf größerer Bühne zeichnete sich ab, zu was für einer Fußballerin sie sich entwickeln würde. Oberdorf spielte mit Ruhe und Robustheit, zeigte dazu ein hohes strategisches Verständnis und Freude am Verteidigen. Diese Fähigkeiten, gepaart mit viel Ehrgeiz, ergeben eine Kombination, die es auf der Sechserposition im defensiven Mittelfeld in dieser Art im Fußball der Frauen selten gibt. Erst recht nicht in diesem jungen Alter. Sie könnte zu einer der prägenden Persönlichkeiten ihres Sports werden.

In diesem Buch erfährst du, welche Erfahrungen Lena Oberdorf von ihrer Kindheit über die Stationen bei der SGS Essen und beim VfL Wolfsburg bis zu ihrem Wechsel zum FC Bayern geprägt haben. Was ihre Leidenschaft abgesehen vom Sport ist und welche Rolle ihre Familie für sie spielt. In einem exklusiven Interview erzählt „Obi" außerdem, wie sie über den Fußball mit all seinen Facetten denkt und wie sie mit Druck umgeht. Sie gewährt Einblicke hinter die Kulissen und spricht darüber, was ihr bei Rückschlägen wie der schweren Knieverletzung kurz vor den Olympischen Spielen hilft.

Dieses Buch ist nicht nur über sie, sondern mit ihr entstanden. Das macht es so besonders.

Der Ball, mein bester Freund

Enge Familienbande: Lena (Mitte) mit ihrem fünf Jahre älteren Bruder Tim und ihrer drei Jahre älteren Schwester Julia. Die Drei spielten am liebsten draußen und das gerne zusammen.

Lena Sophie Oberdorf ist am 19. Dezember 2001 in Gevelsberg auf die Welt gekommen, eine Stadt im südlichen Ruhrgebiet. Ihre Familie lebt noch heute in dem Haus mit großem Garten, in dem damals ein Basketballkorb und zwei Tore aufgebaut waren. Wann immer es ging, spielte Lena dort – am liebsten Fußball. Dieser Ort ist für sie fest mit ihrer Kindheit und mit ihrer ersten Erinnerung an den Fußball verbunden: Wenn ihr Papa mitspielte, machte er im Zweikampf auch mal ernster, trickste und gab den Ball nicht einfach so ab. „Ich wurde immer sauer, wenn ich den Ball nicht bekommen habe. Das war von Anfang an so", erzählt Oberdorf. Einmal ärgerte sie sich so sehr, dass sie losrannte und ihren Papa von hinten dermaßen umgrätschte, dass er hinfiel und am nächsten Tag nicht mehr mitkicken konnte, weil ihm alles wehtat.

Dieses Mädchen muss in einen Fußballverein

Der Garten wurde zum Treffpunkt für Freunde und Nachbarskinder, jede und jeder durfte dabei sein. Manchmal wuselten so viele Kinder über den Rasen, dass Papa Frank nach der Arbeit nochmal zum Supermarkt fuhr, damit dafür gesorgt war, dass genug Essen für alle auf den Grill kam – und auch das Passende dabei war, ganz egal, welcher Glaubensrichtung die Kinder angehörten. Alle sollten sich willkommen fühlen. „Ich bin in einer sehr aufgeschlossenen und umsichtigen Familie aufgewachsen, meine Eltern haben uns das vorgelebt", sagt Oberdorf. Wenn mal keine Freunde zum Spielen vorbeikamen, waren ihre Geschwister da: Tim, fünf Jahre älter, und Julia, drei Jahre älter. Auch mit ihnen ging Lena ständig nach draußen – ob die Sonne schien oder Regen aus dunklen Wolken prasselte, das machte für sie keinen Unterschied. So gut wie immer mit dabei war ein Ball. Und bald war klar: Dieses Mädchen muss in einen Fußballverein.

Fußbälle übten schon früh eine große Anziehungskraft auf Lena Oberdorf aus: Egal, ob im Garten der Familie, auf Sportplätzen oder bei Festen. Mit Ball in der Hand oder am Fuß war sie glücklich.

SPROCKHÖVEL
10
6
erima
DERBYSTAR

Ein Mädchen, viele Jungs

Vor allem eine Sache änderte sich, als Lena Oberdorf von ihren Eltern beim TuS Ennepetal angemeldet wurde: Sie zerschoss deutlich weniger Blumentöpfe. Der Garten war immer noch Versammlungszentrum, aber es gab jetzt einen zweiten Lieblingsort: den Fußballplatz. Auch wenn Papa Frank am Anfang noch beim Training dabei sein sollte, bis seine Tochter sich an die neue Umgebung gewöhnt hatte, fand sie schnell Gefallen daran. Bei den Minikickern mit vier, fünf Jahren rannte Lena einfach nur dem Ball hinterher, von positionsgetreuem Spiel oder verschiedenen Taktiken war noch keine Rede. Mit elf Jahren ging sie in die D-Jugend zur TSG Sprockhövel, wie ihr Bruder Tim vor ihr. Die Wochenenden der Familie gehörten dem Fußball, immer stand mindestens ein Kind auf dem Platz. Und bei Lena war längst aufgefallen, wie talentiert sie ist.

Mit der TSG Sprockhövel spielte sie in der Landesliga – nur mit Jungs und im älteren Jahrgang. Das war an sich kein Problem, sie konnte gut umgehen mit der teils härteren Gangart. „Schlimm waren eher die Eltern von den Gegnern, die ihren Söhnen oft von außen reingerufen haben: ‚Lass dich doch nicht von einem Mädchen ausspielen!'", erzählt Oberdorf. Das ging so weit, dass sich ein Junge derart provozieren ließ, dass er ihr während eines Spiels „einfach eine Backpfeife gegeben hat". Dass ein Mädchen sich durchsetzen konnte und mit dem Ball umzugehen wusste, war für viele ein Thema. Außer für ihre eigenen Mitspieler. Mit einigen ging Oberdorf in die Schule oder sie spielten gemeinsam auch in der Kreisauswahl. Sie wussten, mit wem sie da auf dem Platz standen.

An eine Episode von damals kann Oberdorf sich noch gut erinnern: In ihrem zweiten Jahr bei der TSG war sie Kapitänin. Der Vater eines Mitspielers hatte Bedenken – bis er sie erlebte und zu Mama Bettina sagte: „Ich hab' Lena beobachtet, wie sie das macht. Die hat die Jungs richtig im Griff!" Irgendwann war ihr Talent in der Region bekannt, die Sprüche wurden weniger, die Skepsis verschwand.

Eine Frage aber begleitete sie: Wo gehöre ich eigentlich hin? Auf ihrer Schule verstand sie sich mit allen, sie hatte Freundinnen und Freunde – aber für die Mädels gehörte „die Fußballerin" mehr zu den Jungs, für die Jungs war sie zwar eine von ihnen, nur irgendwie doch nicht so ganz. Im Fußball fühlte Oberdorf sich uneingeschränkt zu Hause. Sie hatte ihr Team und spürte, genau hier gehörte sie hin.

STADT SPORTVERBAND SPROCKHÖVEL e.V.
URKUNDE
In Würdigung besonderer sportlicher Verdienste
Lena Oberdorf
TSG Sprockhövel
spielt in der Mannschaft U 15
Nachwuchs Nationalspielerin des DFB
9 Spiele, 3 Tore
Mit dieser Verleihung soll Dank und Anerkennung
für die erbrachte Leistung ausgedruckt werden.
2015
Für Verdienste um den Sport
2015
STADT SPORTVERBAND SPROCKHÖVEL e.V.
Fußball

Ein Talent macht auf sich aufmerksam

Es dauerte nicht lange, bis Lena Oberdorf ins Blickfeld des Deutschen Fußball-Bundes (DFB) rückte. Am 28. Oktober 2014 debütierte sie bei der U15-Auswahl. Mit zwölf Jahren. Das Team gewann 13:0 gegen Schottland, Oberdorf stand ab der 41. Minute auf dem Platz. Zwei Tage später folgte im Freundschaftsspiel gegen den gleichen Gegner beim 8:0 ihre Torpremiere im Nationaltrikot. Nun kamen neben dem Unterricht, Hausaufgaben und dem Vereinstraining auch Lehrgänge hinzu. „Am Anfang wollte ich nur ungern zur Natio, ich hatte ziemlich Heimweh", erinnert sich Oberdorf. Alle waren älter, sie kannte niemanden. „Aber nach einer Weile hatte ich auch beim DFB meine Leute, fand es cool und hab mich jedes Mal darauf gefreut."

2016 spielte sie für die U16 und bereits für die U17, als Jüngste im Kader ging es zur Weltmeisterschaft nach Jordanien. Bei diesem Turnier war im Viertelfinale Schluss, doch ein Jahr später nahm Oberdorf mit der U17 an der Europameisterschaft in Tschechien teil – und holte den Titel. Die Deutschen gewannen 3:1 gegen jene Spanierinnen, gegen die sie bei der WM noch verloren hatten. Das 1:0 erzielte Oberdorf, der europäische Fußballverband Uefa wählte sie zur „Goldenen Spielerin" dieser EM. Große Turniere, besondere Orte, das fühlte sich gut an – und Oberdorf überzeugte. Sie stieg auf in die U19 und im Sommer 2018 ging es für sie zur U20. Sie nahm an der WM in Frankreich teil, wieder war sie das Küken im Aufgebot.

In dieser Zeit zeichnete sich ab, dass Fußball im Leben von Lena Oberdorf mehr sein würde als ein ambitioniertes Hobby.

Der Schritt auf die große Bühne

15. September 2018: Erstes Bundesligaspiel für Lena Oberdorf, erster Doppelpack. Hier trifft sie gerade zum 3:0 gegen den MSV Duisburg.

Im November 2017 unterschrieb Lena Oberdorf ihren ersten Profivertrag: Nach ihrer Rückkehr von der U20-WM im Sommer 2018 sollte sie nicht mehr das Trikot der TSG Sprockhövel tragen, sondern von nun an in den Farben der SGS Essen auflaufen. Ein Klub, der bekannt dafür ist, Talente zu entdecken und zu entwickeln – und außerdem nicht weit weg von ihrer Heimat. Sie war jetzt Bundesligaspielerin. Was das für Frauen heißt, ist nicht zu verwechseln mit den Bedingungen bei den Männern. Oberdorf verdiente deshalb nicht direkt Zehntausende Euro im Jahr. Das trifft bis heute auf die wenigsten Bundesligaspielerinnen zu. Nur wer beim FC Bayern, beim VfL Wolfsburg und bei Eintracht Frankfurt spielt, kann sich derzeit sehr wahrscheinlich als Vollprofi ganz auf den Fußball konzentrieren. Viele Spielerinnen arbeiten nebenher in einem anderen Beruf, absolvieren eine Ausbildung oder studieren, weil sie wissen, sie werden nach ihrer sportlichen Karriere nicht ausgesorgt haben. Auch Oberdorf wusste um die Bedeutsamkeit eines Abschlusses – ganz abgesehen davon, dass ihre Eltern Wert darauflegten. Auch deshalb entschied sie sich für Essen, so konnte sie in der Abitur-Phase an ihrer Schule bleiben.

Ihr Rhythmus war weiterhin bestimmt von Unterricht, Hausaufgaben, Training, Lehrgängen. Einen Unterschied aber gab es eben doch, sie war angekommen in der höchsten deutschen Spielklasse. Und wie! 9. September 2018, DFB-Pokal, zweite Runde: Die SGS Essen gewinnt 14:0 gegen den SV Henstedt-Ulzburg mit zwei Toren von Oberdorf. 15. September 2018, erster Bundesliga-Spieltag: ein 4:0-Sieg beim MSV Duisburg, zwei Tore von Oberdorf. Sie ging unbekümmert auf den Platz, alles funktionierte, sie wollte einfach zocken. Sollten anfangs Zweifel aufgekommen sein, dass sie den Schritt zu früh gegangen sein könnte, so waren diese direkt verflogen. Erst mit der Zeit nahm ein anderer ungebetener Gast Platz in der Gedankenwelt von Oberdorf ein.

„Ich musste klarkommen mit dem Druck, als Jahrhunderttalent zu gelten und damit, mich zurechtzufinden im Fußball, wenn er Arbeit und nicht mehr nur Hobby ist", sagt sie. Früher las Oberdorf regelmäßig Berichte über sich, gab ihren Namen bei Suchmaschinen ein. Den Lobeshymnen wollte sie gerecht werden. Immer weiter beweisen, dass sie jene Fußballerin ist, die so viele bereits in ihr sahen. Also trainierte sie mehr, machte auch zu Hause noch Übungen, ein eigentlich zu hohes Pensum. Was half, war die Bodenständigkeit, die in Essen gelebt wurde, bei der SGS lief damals manches unkonventionell ab. Auf welchem Platz die Frauen am Abend trainieren würden, stand zum Beispiel morgens manchmal noch nicht fest. Alle hatten Ambitionen, aber die Erwartungshaltung war eine andere als bei den Topklubs mit hohem Budget und besten Bedingungen. Oberdorf erinnert sich an die Heimfahrt nach einem 0:0 gegen Wolfsburg: Ihr Team feierte den Punkt gegen den klaren Favoriten mit einer golden besprühten Ananas, als hätte Essen die Meisterschaft gewonnen.

Mit jedem weiteren Bundesligaspiel gewann Oberdorf an Sicherheit. Sie etablierte sich im Kader, zu dem damals Marina Hegering, Lea Schüller, Sara Doorsoun, Linda Dallmann und Turid Knaak gehörten. Auch dank der Erziehungsarbeit von Hegering, die ihr die Umgangsregeln nahebrachte, wenn Oberdorf etwas vorlaut und ungefiltert mit Mitspielerinnen oder Schiedsrichterinnen diskutierte, wie sie es nun mal aus ihrer Zeit bei den Jungs gewohnt war. „Obi" wollte sich verteidigen, wenn sie sich ungerecht behandelt fühlte. Wichtige Erkenntnis: Auf dem Platz und in der Kabine manchmal besser mit „Ja, Amen!" statt „Ja, aber..." zu reagieren.

»Du bist unser Motor!«

Welche Rolle sie hatte, verdeutlicht ein Zitat ihres damaligen Trainers Markus Högner: „Das Spiel wird entschieden im Mittelfeld – und du bist unser Motor!" Was als lobende Motivation gemeint war, löste bei Oberdorf vor allem in ihrer letzten Saison bei der SGS ein großes Verantwortungsgefühl aus, das gesamte Spiel auf ihren Schultern tragen zu müssen und Niederlagen persönlich zu nehmen. Diesen Rucksack, so sieht Oberdorf das heute, hat sie sich selbst mit ihrer Anspruchshaltung aufgesetzt. Zusätzlich mit Ballast befüllt wurde er aber eben auch von der Öffentlichkeit und ihrem Umfeld. „Wenn wir verloren haben, hieß das für mich: Ich habe meine Leistung nicht gebracht", sagt Oberdorf. Eine Belastung, die sie bald auch an anderer Stelle zu spüren bekam: Rückenschmerzen bereiteten ihr zunehmend Probleme. Kaum hatte sie eine Partie gespielt, musste sie wieder aussetzen. In fast jedem Training begleitete sie die Frage: Wann tut es mir wieder weh? Wann muss ich das Training unterbrechen? Sie wartete geradezu auf den Schmerz, weil sie wusste, dass er auftauchen würde. Rückblickend schätzt sie diese Phase als eine der schwierigsten ihrer Karriere ein.

Aber sie sah eine Lösung. Es war an der Zeit, den Verein zu wechseln.

4. Juli 2020: Das Highlight während ihrer Zeit bei der SGS Essen – das Pokalfinale 2020 gegen den VfL Wolfsburg. Lena Oberdorf im Zweikampf mit Claudia Neto. Das Spiel haben die Essenerinnen knapp im Elfmeterschießen verloren. Oberdorfs Mitspielerinnen bei der SGS waren damals u. a.: Stina Johannes (heute Eintracht Frankfurt), Marina Hegering (heute VfL Wolfsburg), Nicole Anyomi (heute Eintracht Frankfurt) und Lea Schüller (heute FC Bayern). Sie alle gehören zum Kader des Nationalteams.

Vom Wunderkind zur Weltklassespielerin

Der Aufstieg von Lena Oberdorf im Verein hatte seine parallele Entwicklung beim Nationalteam. Wenige Monate nach ihrem Debüt für die SGS Essen rief die damalige Bundestrainerin Martina Voss-Tecklenburg bei ihr an. Oberdorf saß gerade im Unterricht, sie konnte nicht ans Handy. Als der Schultag vorbei war, rief sie zurück – und Voss-Tecklenburg lud sie zu den DFB-Frauen ein. Beim Wintertrainingslager im Januar 2019 war sie mit Sjoeke Nüsken, Laura Freigang, Tanja Pawollek und Klara Bühl im spanischen Marbella neu dabei.

Sie stand jetzt mit Spielerinnen auf dem Platz, zu denen sie aufschaute, wie Dzsenifer Marozsán, Alexandra Popp und Almuth Schult. Oberdorf war nervös. „Aber die anderen haben es einem wirklich einfach gemacht, in diesem Team anzukommen", erinnert sich Oberdorf. Sie rechnete damit, dass die Bundestrainerin die Talente einfach mal reinschnuppern lassen wollte. Aber sie wusste auch: Es war das Jahr der Weltmeisterschaft in Frankreich, wenn sie sich hier gut präsentieren würde, bliebe sie der Bundestrainerin vielleicht im Gedächtnis. Und tatsächlich folgte danach direkt wieder eine Einladung. Am 6. April 2019 wurde sie im Testspiel gegen Schweden eingewechselt und debütierte damit im Alter von 17 Jahren und 109 Tagen als achtjüngste Spielerin im Nationalteam. Dass sie hier, wie auch bei ihrem Startelf-Debüt am 9. April 2019 gegen Japan, mit ihrer Ruhe auffiel, war der nächste Hinweis für das, was kommen sollte: die Nominierung für die WM, als Jüngste im Kader.

Im Sommer 2019 wurde Oberdorf die jüngste deutsche WM-Spielerin.

In Frankreich sollte der nächste Eintrag in die Statistik folgen: Im ersten Gruppenspiel gegen China kam sie nach der Pause als Innenverteidigerin auf den Platz, Oberdorf löste damit Rekordnationalspielerin Birgit Prinz als jüngste deutsche WM-Spielerin ab. Damals war alles noch etwas anders, zwischendurch lernte sie noch für Klausuren, die sie während des Turniers schrieb. Aber die eigentlichen Bewerbungsunterlagen für ihre berufliche Zukunft stellte sie in den Spielen fürs Nationalteam zusammen, mit Zweikämpfen, Grätschen und Pässen. Sie startete gegen Spanien; im Achtelfinale gegen Nigeria und im Viertelfinale gegen Schweden wurde sie jeweils eingewechselt. Nach dem 1:2 war für das Team zwar Schluss und die Olympia-Qualifikation verpatzt. Für Oberdorf aber markiert dieses Turnier den Anfang ihrer internationalen Karriere.

»Ich konnte nichts falsch machen«

„An sich hat sich an meinem Leben nichts spürbar direkt verändert", sagt sie. „Außer mir selbst hat noch niemand etwas erwartet. Ich konnte nichts falsch machen." Der Erwartungsdruck war überschaubar und ihre Rolle noch die einer Ersatzspielerin. Oberdorf fühlte sich mehr wie ein Gast, der kurz mal zugeschaut hat und mitnimmt, was eben geht. Aber die Fußballwelt realisierte nun, wer diese Lena Oberdorf war. Und das in einer Phase eines gewissen Umbruchs bei den DFB-Frauen, in der jemand wie sie eine wirkliche Chance bekommen konnte. Die nächste Generation sollte herangeführt werden. Vom Trainerteam kamen jedenfalls eindeutige Signale: Sie würde eine Rolle spielen. „Ich habe mich nach der Anfangsphase schon unter den besten 23 Fußballerinnen Deutschlands gesehen", sagt Oberdorf. „Die Frage war allerdings noch: Spiele ich oder nicht?" Gegen Montenegro am 31. August 2019 in der EM-Qualifikation stand sie erstmals von Anfang bis Ende auf dem Platz. Mit jedem Stammelf-Einsatz mehr stellte sich die Frage immer weniger.

Am 3. September 2019 folgte beim 8:0 gegen die Ukraine im zweiten EM-Qualifikationsspiel zur Abrundung dieses Jahres ihr erstes Länderspieltor. Und damit der nächste Eintrag in der Bestenliste, als sechstjüngste deutsche Auswahl-Torschützin. Was ihr ohne Tokio 2021 fehlte, war das nächste große Turnier – doch das sollte auch noch kommen.

Zwar war die WM 2019 nach dem Viertelfinale gegen Schweden für die Deutschen vorbei, aber Lena Oberdorf (hier im Zweikampf mit Magdalena Eriksson, inzwischen ihre Mitspielerin beim FC Bayern) konnte sich für weitere Einsätze in der Nationalelf empfehlen.

Unter Wölfinnen

Champions League mit Wolfsburg gegen Arsenal: In der Saison 2022/23 setzten sich Lena Oberdorf und die Wölfinnen im Halbfinale gegen die Londonerinnen durch und zogen ins Endspiel ein.

Diverse Klubs hatten Lena Oberdorf verpflichten wollen. Schon damals klopfte auch der FC Bayern an. Aber sie wollte nicht so weit wegziehen von ihrer Familie und fand außerdem vor allem einen Bundesligisten sympathisch, der ebenfalls angefragt hatte. Essens Cheftrainer Markus Högner hätte Oberdorf gerne bei der SGS gehalten, sah aber ein: „Bei einer Spielerin solchen Kalibers ist es klar, dass sie über kurz oder lang bei einem Weltklasseklub wie Wolfsburg landet." Der VfL also. Zum damaligen Zeitpunkt zweimaliger Champions-League-Sieger, sechsmaliger Deutscher Meister, siebenmaliger DFB-Pokalsieger. 2013 gelang dem VfL gar das Triple. Oberdorf gefiel die Spielweise und die hohe Professionalität, die Aussicht auf Erfolge reizte sie. Außerdem wähnte sie dort die richtige Kombination für ihre Entwicklung: Sie würde nach dem Abitur genau zum richtigen Zeitpunkt einen Schritt raus aus ihrer Komfortzone gehen, selbstständig werden. Und dabei weniger im Fokus stehen als bei der SGS Essen. Umgeben von so vielen gestandenen und bekannten Fußballerinnen wäre ihre Rolle eine andere, mehr Rookie, weniger Führungsspielerin. Sie würde etwas durchschnaufen, ihre Rückenprobleme in den Griff bekommen und sich in Ruhe weiterentwickeln können. Aber dieser Plan ging nicht auf wie gedacht.

Die Aussicht auf Erfolge reizte Oberdorf

Als Oberdorf zur Saison 2020/21 von Essen nach Wolfsburg wechselte, verließ Pernille Harder den Klub und ging zum FC Chelsea. Die Dänin war Leistungsträgerin, Torjägerin, im Mittelfeld wie im Angriff einsetzbar. Auch deshalb rückte Oberdorf direkt in die erste Reihe – und übertraf zum Start die Erwartungen. Gleich in ihrem ersten Bundesligaspiel für den VfL am 4. September 2020 traf sie auf ihren ehemaligen Klub. In der 16. Minute schoss sie das Führungstor, in der 84. Minute erzielte sie den 3:0-Endstand. „Ich weiß noch genau, dass ich danach in der Kabine saß und dachte: Das kann doch nicht wahr sein!", erinnert Oberdorf sich. Aber das war es, ihr war wieder ein Raketenstart gelungen.

In Mitspielerinnen wie Alexandra Popp, Almuth Schult und die ebenfalls von Essen nach Wolfsburg gewechselte Sara Doorsoun fand sie Vertraute. Wie Marina Hegering bei der SGS Essen, erklärten nun sie ihr die nächste Stufe in der Welt des Profifußballs und fingen sie ein, wenn „Obi" – sie konnte es einfach nicht lassen – temperamentvoll debattierte. Mit ihnen und überhaupt beim VfL lernte Oberdorf noch besser, mit Druck und Aufmerksamkeit umzugehen. Beides steigerte sich, weil Oberdorf sich mit ihren Leistungen ins Scheinwerferlicht spielte. Dabei sollte beides weniger werden, wenn sie sich zwischen großen Namen bewegte. „Aber auf einmal war ich einer der großen Namen", sagt Oberdorf. „Ständig hieß es: Popp und Oberdorf, Popp und Oberdorf. Das ging mir damals zu schnell."

In Wolfsburg ist die damals 17-Jährige rasch erwachsen geworden. Alles war intensiver. Das Training, der Anspruch, die Konkurrenz, die Spiele. Bei der WM 2019 in Frankreich sammelte sie zusätzlich Selbstvertrauen, was dazu beitrug, beim VfL und auf dem höheren Leistungslevel anzukommen. Oberdorf wusste, sie ist eine gute Spielerin, sie kannte ihren Wert und ihre Qualität. Und in ihrem Team konnte sie sich so geben, wie sie war, sie konnte Späße machen, Sprüche bringen – die Basis, die für Oberdorf wichtig ist: ein Umfeld zu haben, wo sie sich nicht verstellen muss. Das Gemeinschaftsgefühl war stark, wie eine große Fußballfamilie. Das hat die vier Jahre im Rudel der Wölfinnen für sie ausgemacht.

Ein Titel zum Abschluss: 2024 gewinnt der VfL das Pokalfinale in Köln gegen Oberdorfs neuen Klub, den FC Bayern.

Fliegen und Fallen mit dem Adler

Lena Oberdorf spielte 2022 eine überragende EM: Hier während der Viertelfinal-Partie gegen Österreich (2:0).

Der Wechsel zum VfL Wolfsburg hatte großen Einfluss auf die Entwicklung von Lena Oberdorf. Mit jeder Einheit, mit jedem Einsatz in der Bundesliga, im Pokal und in der Champions League verbesserte sie sich. Und sie erlebte im Klub, wie es sich anfühlt, Titel zu gewinnen. Diese Erfahrungen waren es, die sie auch im Nationalteam weiterbrachten: Oberdorf war bald nicht mehr wegzudenken.

Dass sie sich etabliert hatte, zeigte sich auch daran, dass sie in den Monaten vor der EM 2022 in den Mannschaftsrat gewählt wurde. Als Jüngste unter Almuth Schult, Alexandra Popp, Svenja Huth, Sara Däbritz und Lina Magull. Ihr Spielstil und die Verantwortung, die sie seit ihrem Debüt auf dem Platz übernommen hatte, brachten ihr früh Respekt ein. Sie war Bindeglied zwischen den älteren und den jüngeren Spielerinnen und sagte in Besprechungen ihre Meinung. Fußball ist Oberdorf zwar wichtiger, aber die Politik gehört nun mal dazu, beim Verhandeln von Prämien zum Beispiel. Für die EM 2022 sicherte der Mannschaftsrat jeder Spielerin beim Finaleinzug 30.000 Euro, beim Sieg wären es 60.000 gewesen, deutlich mehr als die 37.500 Euro von 2017. „Das Interessante daran ist vor allem, besser zu verstehen, wie der Deutsche Fußball-Bund funktioniert", sagt Oberdorf. „Ich will meine Präsenz dort nutzen, um Themen anzustoßen, die den Frauenfußball weiterbringen."

Bevor es Prämien aufs Konto gibt, muss man nur ziemlich oft gewinnen. Dass die Olympischen Spiele in Tokio ohne die DFB-Frauen stattfinden würden, labelte Bundestrainerin Martina Voss-Tecklenburg für die eigene Arbeit als Vorteil: Mehr Zeit für die Entwicklung des Teams und zur Vorbereitung auf die EM 2022. Der Start ins Jahr verlief mäßig für den achtmaligen Europa- und zweimaligen Weltmeister. Auf ein 1:1 gegen Spanien folgten ein 0:1 gegen Kanada und ein 1:3 gegen England. Im April gelang in der WM-Qualifikation zwar ein Sieg gegen Portugal, aber kurz danach stand das Team gegen Serbien völlig neben sich und verlor. Ein Wachrüttler. Das nächste Spiel, kurz vor der Abreise nach England, gewannen die Deutschen 7:0 gegen die Schweiz – und fühlten sich bereit.

»Ich will zeigen, wer ich bin und was ich kann«

Auch bei Oberdorf persönlich war das so. Erst beim Start der EM, mit 20 Jahren und nach 27 Länderspielen, begriff sie sich als festes Mitglied des Nationalteams. „Für England habe ich mir das erste Mal wirklich bewusst vorgenommen: Ich will zeigen, wer ich bin und was ich kann", sagt sie. „Mit der EM bin ich richtig angekommen, weil ich kontinuierlich auf hohem Niveau gespielt habe." Sie verlieh dem Mittelfeld Ruhe und der Defensive Stabilität. Härte in den direkten Duellen, Übersicht, Präzision, Timing, alles war da. Oberdorf führte im gesamten Turnier so viele Zweikämpfe wie außer ihr nur die Engländerin Rachel Daly. Und im Viertelfinale gegen Österreich kam zu ihrer eigenen Überraschung ein weiteres Element hinzu: „Ich wusste gar nicht, dass ich so gut dribbeln kann!", sagte Oberdorf damals. Was sie sich vorgenommen hatte, konnte sie erfüllen und wurde verdient zur besten Nachwuchsspielerin gewählt.

EM-Finale 2022: Ellen White und Lena Oberdorf im Duell um den Ball – Oberdorf hat in diesem Turnier so viele Zweikämpfe geführt wie kaum eine andere Spielerin.

Die Finalniederlage war hart, aber die Nationalspielerinnen hatten vor allem in Deutschland Begeisterung entfacht, von einem Boom war gar die Rede. Nach eher ernüchternden Jahren war der Überraschungseffekt groß gewesen. Jetzt, so die Erwartung, würde es steil nach oben gehen mit diesem Team, der Bundesliga und überhaupt dem Fußball der Frauen. Die Nationalspielerinnen wirkten nahbar, locker, erfolgreich. Und Oberdorf war zu einem der Gesichter des Aufschwungs schlechthin geworden.

Nahbar, locker und erfolgreich

Für sie ging es in dieser Zeit vor allem darum, die Balance zu halten zwischen dem Erfüllen der vielen Anfragen und dem Fokus auf dem Fußball. Schon in wenigen Monaten stand schließlich der nächste Höhepunkt bevor: Die Weltmeisterschaft in Australien, bei der das Team nun zu den Favoriten zählte. Aber statt sich mit der Euphorie als Antrieb weiterzuentwickeln, begann auch dieses Jahr durchwachsen mit dem gefühlten Tiefpunkt beim 2:3 gegen Sambia bei der Generalprobe. Der Preis war hoch: Bei Carolin Simon riss das Kreuzband, Marina Hegering verletzte sich an der Ferse, Oberdorf am Oberschenkel. Sie arbeitete sich mit individuellen Einheiten zurück auf den Platz und kam für das zweite Gruppenspiel zurück. Eigentlich sollte Oberdorf nicht lange eingesetzt werden, aber es lief nicht gut und so wurden gegen Kolumbien und danach gegen Südkorea 90 Minuten daraus. Doch auch sie vermochte die Situation nicht zu retten: Aus nach der Gruppenphase, historisch früh.

Zusätzlich zu der sportlichen Krise wurde es dann auch noch menschlich kompliziert. Bundestrainerin Voss-Tecklenburg meldete sich mit Erschöpfungssymptomen zunächst krank, wechselte dann in einen Erholungsurlaub – hielt in dieser Zeit aber öffentliche Vorträge, ohne vorher mit dem Team gesprochen zu haben. Auch Oberdorf fühlte sich vor den Kopf gestoßen. Als sie dann vor einer Kamera angesprochen wurde, äußerte sie Kritik. „Ich habe mich damals gefragt, wie es sein kann, dass sie als erkrankt gilt und trotzdem vor Publikum auftritt", sagt Oberdorf. „Und ich fand es schade, dass sie vorher nicht wenigstens einmal kurz mit uns gesprochen hat, statt sich gar nicht mehr zu melden." Das Vertrauen war weg, das Verhältnis zerrüttet und nicht mehr zu retten.

Lena Oberdorf bei der Zeremonie nach dem Finale der EM 2022 – mit der Trophäe für die beste Nachwuchsspielerin des Turniers.

Prägende Momente

Dass die Erfahrungen aus dem Nationalteam und dem Verein sich aufeinander auswirken können, wusste Lena Oberdorf schon von der EM 2022. Einerseits war da dieses Gefühl des Aufschwungs, das die Nationalspielerinnen mit ihren Aufritten ausgelöst hatten. Gleichzeitig aber auch eine Müdigkeit, die erst langsam verschwand. Oberdorf war im August bei der Wahl zur Uefa-Spielerin des Jahres Dritte geworden, vor Alexandra Popp und hinter der Spanierin Alexia Putellas sowie der Engländerin Beth Mead. Noch dazu stand sie auf der Liste für den Ballon d'Or, die höchste individuelle Auszeichnung im Fußball. Sie wurde Vierte hinter Putellas, Mead und der Australierin Sam Kerr. Eine Ehre.

Aber es baute auch Druck auf, verstärkt von den permanenten Nachfragen, wie sie mit ebendiesem denn umgehe. „Ich hatte das Gefühl, allen permanent zeigen zu müssen, wie gut ich bin und dass ich diese Platzierungen auch wirklich verdient hatte." Statt dass ihr die Auszeichnungen Selbstgewissheit gaben, folgte eine schwierige Phase. Von außen wurde sie bewertet als komplette Spielerin, als Anführerin, im besten Sinne frühreif mit 20. Zu viele Erwartungen. Die Leichtigkeit war weg, ähnlich wie damals in Essen: „Das ging so weit, dass ich keinen Fußball mehr spielen wollte. Dass es dazu gekommen ist, ist schon heftig."

Die Hinrunde lief durchwachsen, es dauerte, bis der Spaß und ihre Stärke zurückkamen. Die alte „Obi", sie musste sie erst wieder finden. Als es so weit war, kam es Oberdorf vor, als schließe sich eine Klammer. Der Fußball-Weltverband wählte sie im Februar 2023 bei den The Best FIFA Football Awards in die Weltauswahl – als zweitjüngste Fußballerin überhaupt und als einzige Deutsche. Diesmal gab ihr das einen Schub. Die Meisterschaft ging zwar mit zwei Punkten Rückstand an den FC Bayern verloren, den Pokal aber sicherte sich der VfL. Dann kam die WM in Australien.

Als sie diesmal nach dem Turnier wieder in Wolfsburg war, viel früher als geplant, trug sie die Schwere des Scheiterns mit sich. Und diesmal fühlte es sich auch anders an, beim VfL zu sein. Der Spaß am Spiel kam nicht mehr voll zurück, die Freude am Zocken war verschwunden. Und damit fehlte Oberdorf ihre größte Motivation. In Zweikämpfen hatte sie manchmal Probleme, sich durchzusetzen, schon das zeigte ihr, dass etwas nicht stimmte. Ihr Tief, das wurde ihr langsam klar, lag nicht allein an den Turbulenzen im Nationalteam. Sie war in Wolfsburg nicht mehr glücklich. Ein Gefühl von Stagnation breitete sich aus. „Dann funktioniert bei mir einfach nichts mehr. Sobald ich diesen Spaß nicht habe, bin ich ein ganz anderer Spielertyp", sagt Oberdorf. Irgendwann rang sie sich durch, zu akzeptieren, dass es wohl wieder an der Zeit war, den Verein zu wechseln. In der Winterpause besprach sie die Situation mit ihrem Vater. Und auch, weil sie in Deutschland bleiben wollte, fiel die Wahl auf den FC Bayern.

„Die Freude am Zocken war verschwunden"

Als sie ihrem Team davon erzählte, konnten die meisten ihre Entscheidung nachvollziehen, auch wenn manche einen Wechsel ins Ausland erwartet hatten. Schwieriger war der Umgang mit den Reaktionen in der Öffentlichkeit. Die Dauerrivalität zwischen den Klubs war die eine Sache; die einstige Aussage von Oberdorf, sie würde niemals zum FC Bayern gehen, die andere. Follower schrieben mehr als 300 Kommentare unter den Instagram-Post zu ihrem Wechsel. Darin spiegelten sich zwar eine große Wertschätzung, Verständnis und Unterstützung. In einigen Nachrichten war aber eben auch von Verrat, Respektlosigkeit oder Heuchelei die Rede, davon, dass sie einen Fehler mache, kein Rückgrat und nur aufgrund des Geldes so entschieden habe. Oberdorf konnte die Enttäuschung nachvollziehen. Aber es wurde eine Grenze überschritten, als ihr manche wünschten, dass sie sich verletzt oder gar noch schlimmere Kommentare hinterließen, wie „Ich hoffe, du stirbst". Ob ihr diese Leute das auch so direkt gesagt hätten? Auf manche Kommentare antwortete sie, weil sie diese Art des Frustablassens nicht hinnehmen wollte. „Ich bin nicht der menschliche Mülleimer für Leute, die mich gar nicht kennen", sagte sie der *Wolfsburger Allgemeinen* in ihrem ersten Intverview in dieser Phase. Wochenlang zog sie sich zurück.

Der Fokus auf Oberdorf wurde dann erst recht groß, als sie mit dem VfL Wolfsburg im Pokalfinale auf den FC Bayern traf. Sie hielt dem Druck stand, abgeklärt, fokussiert – als eine der Besten in diesem Spiel. „Die Situation ist ganz und gar nicht einfach, großer Respekt, dass sie so eine Leistung bringt", sagte Alexandra Popp: „Umso trauriger natürlich, dass das nächste Saison nicht mehr der Fall ist und sie dann gegen uns spielt." Ihre letzte Partie für jenen Verein, der sie vier Jahre lang zu einer besseren Spielerin geformt hatte, bestritt sie gegen den Klub, bei dem sie einst in die Bundesliga aufgestiegen war. Schon Oberdorfs erstes Spiel für den VfL war gegen die SGS Essen gewesen, wie auch ihr 100. in der Bundesliga. Damit schloss sich für sie ein Kreis – und das neue Kapitel konnte beginnen.

Der große Wechsel

Vertrag bis zum 30. Juni 2028: Lena Oberdorf mit Bianca Rech, Direktorin FC Bayern Frauen, nach der Unterzeichnung in München – ein neues Kapitel beginnt.

Vielleicht wäre Lena Oberdorf zu einem anderen Verein als zum FC Bayern gegangen, wenn es nicht einen Schubser in diese Richtung gegeben hätte. Denn beide Seiten dachten, dass man sicher nicht zusammenfinden würde, zu sehr dominierte der Konkurrenzgedanke. Bis Bayern-Trainer Alexander Straus im Gespräch mit Lea Schüller erzählte, wie gut er Oberdorf als Spielertyp findet und dass er sie gerne in seinem Kader hätte – aber schon einschränkte, dass daraus ja sicher nichts werde. Sie spiele schließlich für den größten Rivalen. Ach, meinte Schüller, da wäre ich mir nicht so sicher, und sprach mit Oberdorf. Schon während der WM 2023 hatten die beiden Freundinnen darüber geredet, wie gerne sie wieder für den gleichen Verein spielen würden. So kam eins zum anderen. Bis am 15. Februar 2024 eine Pressemitteilung raus ging: „FC Bayern verpflichtet Lena Oberdorf". Sie unterschrieb einen Vertrag bis zum 30. Juni 2028.

Ein Grund für ihre Entscheidung war das Team. Oberdorf kennt nicht nur Lea Schüller gut, sondern auch Sydney Lohmann, Giulia Gwinn, Klara Bühl und Linda Dallmann von den DFB-Frauen. Zum ersten Mal ist sie in dieser Weise zu einer Mannschaft gestoßen, die gleichzeitig neu und bekannt für sie war, die ihr neue Impulse und Vertrautes geben konnte. Sie zog in eine fremde Gegend und wusste schon, dass Freundinnen dort auf sie warteten. Und dann passte auch noch das Gesamtpaket: Großstadt mit schöner Umgebung, das Campus-Gelände mit dem Athletikbereich, die Art von Trainer Alexander Straus und die Erfolge, die er gemeinsam erreichen will. Der Norweger legt Wert auf Präzision und Intensität, Oberdorf mag seine Ideen und Vorstellungen, „dieses Tiki-Taka und dabei das Spiel im richtigen Moment wieder groß zu machen, um variabel zu bleiben".

„Und was vorher an Rivalität da war, war weg"

Beim VfL hatte Oberdorf den Eindruck, schon als komplette Fußballerin zu gelten – obwohl sie so jung war und sich längst nicht am Limit fühlte, vor allem offensiv. Mit 22 Jahren wollte sie sich entwickeln, sie wollte wachsen und ihre verloren gegangene Spritzigkeit wiederfinden. Vom FC Bayern wurde ihr ein Plan für die nächsten Schritte aufgezeigt, der sie überzeugte. „Auch da habe ich in den Gesprächen gemerkt: Die haben sich wirklich mit mir beschäftigt und mich analysiert", sagt Oberdorf. Ihr Ziel: Die Lena Oberdorf vom FC Bayern soll sich wie die Lena Oberdorf vom VfL Wolfsburg ihre Defensivstärke bewahren – dabei aber zur Box-to-Box-Sechs erweitert werden, sich also mehr im Angriff einbringen.

Dass sie in München eine neue Konkurrenzsituation im Mittelfeld vorfindet, stört sie nicht, im Gegenteil. Diese Breite im Kader sieht sie als Vorteil für ihren neuen Klub, der schon lange das Triple aus Meisterschaft, Pokal und Champions League gewinnen will. „Da ist es doch überragend, wenn du drei gleichwertige Sechser hast, das macht uns eigentlich unschlagbar", sagt Oberdorf. Dass sie, Georgia Stanway und Sarah Zadrazil unterschiedliche Spielertypen im Mittelfeld seien, könne nur helfen, das mache das Team flexibler, auch durch Positionswechsel während einer Partie. Das Mittelfeld des FC Bayern ist in ihren Augen derart gut besetzt, dass sie auch deshalb davon überzeugt ist, dass sie mit den Münchnerinnen das Double und sogar das Triple erreichen kann.

Zum Start ging es für Oberdorf aber erstmal darum, anzukommen und sich zu beweisen. Einerseits gegenüber denjenigen, die ihrem Wechsel skeptisch gegenüberstehen. Andererseits auch sich selbst, sie will es zur unangefochtenen Stammspielerin schaffen. In Wolfsburg hatte sie sich ein gutes Standing erarbeitet, in München muss sie ihre Rolle erst noch finden. Dass dieser Prozess zumindest von einem guten Gefühl begleitet werden wird, spürte Oberdorf früh: Bei den Leistungstests Anfang Juli traf Oberdorf erstmals auf all ihre künftigen Mitspielerinnen. „Und was vorher an Rivalität da war, war weg", sagt sie. „Wirklich komplett weg." Von Beginn an fühlte sie sich wohl.

Lena Oberdorf war bereit, mit dem FC Bayern nach den Olympischen Spielen von Paris voll loszulegen. Doch dann kam alles anders.

Von Lila über Grün zu Rot: Lena Oberdorf im Trikot des FC Bayern für die Saison 2024/2025.

Paris is calling! Lena Oberdorf, Lea Schüller, Giulia Gwinn und Klara Bühl beim Einkleiden vor den Olympischen Spielen.

Der Traum von Olympia – geplatzt

Als Horst Hrubesch das Nationalteam im Oktober 2023 übernahm, war spürbar, wie gut dem Team dieser Trainerwechsel tat. Die Unsicherheiten verschwanden nicht völlig, aber Selbstbewusstsein und Lockerheit kehrten zurück. Die DFB-Frauen wollten sich unbedingt für die Olympischen Spiele 2024 in Paris und für die EM 2025 in der Schweiz qualifizieren – und schafften es. Die Stimmung war gut, die Zuversicht zurückgekehrt. Und Lena Oberdorf hatte das Gefühl, auch selbst wieder zu ihrer Form gefunden zu haben. Im letzten Auftritt vor der Abreise nach Frankreich gegen Österreich war sie diejenige, die dem Spiel der Deutschen Struktur und Sicherheit gab. „Das war eines meiner besten Spiele. 70 Minuten dominiert, problemlos unter Druck angespielt worden, gute Pässe", sagt Oberdorf. „Ich habe mich so richtig bereit gefühlt für Olympia und hatte das Gefühl, wir könnten Gold holen."

Bis zum Zweikampf mit Barbara Dunst. Oberdorf ging mit Tempo auf die Österreicherin zu, spitzelte den Ball mit dem linken Fuß weg – und knickte dann ein. Beim Fallen blieb sie im Rasen hängen und landete auf dem rechten, umgebogenen Bein. Noch während sie zu Boden ging, griff sie sich ans Knie und schrie vor Schmerz: „Das Knacken war übertrieben laut, das habe ich noch nie gehört." Diesmal antwortete sie auf die Fragen ihrer herbeigeeilten Mitspielerinnen nicht mit Witzen, wie sonst in solchen Situationen, nach denen es bisher meist weiterging für sie. Gestützt von Betreuern humpelte Oberdorf in die Kabine. Als Lea Schüller nach dem Spiel zu ihr kam, reichte ein Blick – und die Tränen liefen. Oberdorfs Eltern kamen etwas später dazu. „Shit happens! Das gehört zum Sport dazu", sagte ihre Mama, bemüht, die Emotionalität ihrer Tochter mit Rationalität zu lindern. Ihr Papa versuchte es mit Zuversicht, erstmal abwarten, was die Untersuchung ergibt. Aber der Teamarzt hatte Oberdorf schon beim unmittelbaren Check mitgeteilt: „Ich vermute, das Kreuzband ist durch."

Für Oberdorf platzte damit ein Traum. Olympia mit diesen Spielerinnen, zu Hrubeschs Abschied, würde sie verpassen. Auch die ganze Euphorie um den Saisonstart beim FC Bayern war von einem auf den anderen Moment verpufft. Sie war raus, und das für lange Zeit. In der Nacht konnte sie nicht schlafen. Vor Schmerzen beim Bewegen und weil sie immer wieder diesen einen Moment vor sich sah, sobald sie die Augen schloss: Wie sie zum Ball geht, ihr linkes Bein rausstellt und dann der Knall. Am nächsten Tag fuhr sie nach München zum Vereinsgelände an die Säbener Straße zur Untersuchung. Im Warteraum lief ein Fernseher und als hätte sie es vergessen können, flimmerte über den Bildschirm „NEWS – Lena Oberdorf fällt aus!". Aber noch blieb ihr eine Mini-Hoffnung, der MRT. Ein paar Stunden später hatte sie jedoch

„Das Knacken war übertrieben laut, das habe ich noch nie gehört“: Schnell ist Lena Oberdorf im letzten Spiel vor der Abreise nach Frankreich selbst klar, dass sie sich gegen Österreich schwer verletzt hat.

Gewissheit: Kreuzband durch, Innenband und Außenmeniskus gerissen. Am nächsten Tag fuhr sie nach Innsbruck und wurde schon am Abend operiert.

Während die anderen nach Frankreich reisten, fuhr Oberdorf mit ihren Eltern nach Gevelsberg. Statt mittendrin zu sein, sah sie Olympia über den Fernseher flimmern. „Das Gute war, dass ich zu Hause immer das Gefühl habe, als wäre die Zeit eingefroren. Ich war wieder 15 Jahre alt und habe mit Mama und Papa Olympia geguckt“, sagt Oberdorf. Die Selbsttäuschung funktionierte gut, außer, wenn ihr Team spielte. Dann wurde ihr bewusst: Da auf dem Platz, da sollte ich eigentlich auch stehen. Sie telefonierte und schrieb mit den anderen, schickte eine Videobotschaft, war irgendwie dabei, aber eigentlich eben nicht. Bis Hrubesch Oberdorf einlud, zum Halbfinale gegen die USA dazuzukommen. Und dann war sie da, anders zwar als gedacht, aber Olympia erlebte sie doch noch.

Dort zu sein war schwierig, vor allem in ruhigen Momenten. „Aber ich glaube, ich hätte es schlimmer gefunden, das alles nicht aus der Nähe erlebt zu haben. Das hätte ich bereut“, sagt Oberdorf. „Weil ich mich für alle gefreut habe.“ Vor allem, als die Deutschen gegen die Weltmeisterinnen aus Spanien tatsächlich Bronze gewannen – weil Ann-Katrin Berger in der siebten Minute der Nachspielzeit noch einen Elfmeter parierte. Der Höhepunkt für sie folgte danach: Hrubesch fragte nach einem signierten Trikot von ihr zum Einrahmen. „Das hat mich extrem gefreut und ich hab‘ gedacht: Okay, Lena, du hast es geschafft, du hast Horst gezeigt, dass er auf dich zählen kann“, erinnert sich Oberdorf. Sie schrieb die Widmung dazu: „Für den Chef.“ Zurück in München versuchte Oberdorf, so gut es ging, rund um die Reha zu verdrängen, dass sie eine so schwere Verletzung hat. Ablenken, abkapseln. Das konnte sie schon vorher in anderen Situationen gut und jetzt war es wieder nötig, bei der schwersten Verletzung, die sie je erlitten hat. Auch weil es immer wieder Rückschläge gab, ein anstrengendes emotionales Auf und Ab. Phasen des Fortschritts unterbrochen von Schmerzen, Schwellungen und Stagnation. Und immer wieder diese Momente des Bewusstwerdens.

„Ich kenne das zu gut, wenn man sich eine Maske aufzieht, um stark zu sein."

Wie zum Beispiel während des Trainingslagers des FC Bayern. Im August fuhr sie ihr Team in Österreich besuchen, Trainer Alexander Straus hielt eine Ansprache zu den Erwartungen an die ersten Monate der neuen Saison und die gesteckten Ziele. Oberdorf? Spielte keine Rolle. Das zu realisieren war hart. Als alle zurück am Campus waren, war ihr Reha-Programm jedoch oft beendet, wenn auch die anderen in der Kantine waren. Zusammen mit ihnen zu essen und sich auf dem Klubgelände auszutauschen, gab Oberdorf das Gefühl, trotz Verletzung ein Teil des Teams zu sein.

Der Zuspruch und die Erfahrung von Giulia Gwinn haben ihr zusätzlich geholfen. Sie musste sich schon zweimal nach Kreuzbandrissen zurückkämpfen und wusste genau, was zu welcher Phase in Oberdorf vorging. Im Österreich-Spiel war Gwinn als eine der ersten bei ihr, als es passierte, und hielt ihre Hand. Fast wie ein Coach hat Gwinn Oberdorf von Anfang an eng begleitet. „Man hat ihr bei Olympia nichts angemerkt. Aber ich habe mich mehrfach in sie reinversetzt und mir gedacht, wie schlimm es sein muss für Obi, nur zuzuschauen", erzählt Gwinn vor dem Saisonstart. „Ich kenne das zu gut, wenn man sich eine Maske aufzieht, um stark zu sein." Gwinn gibt Oberdorf immer wieder Tipps und so hat Oberdorf sich Zwischenziele gesetzt: Belastung erhöhen, keine Krücken mehr, Schiene weg, volle Streckung. Kleine Etappen, um auf der langen Strecke von Hunderten Tagen bis zum Comeback nicht die Orientierung zu verlieren, um durchzuhalten. „Wir versuchen, sie so gut es geht aufzufangen", sagt Gwinn. „Am Ende gibt's nicht nur die Fußballerin Obi, sondern den Menschen. Und ich schätze sie einfach extrem. Dass sie erstmal nicht dabei sein kann, ist ein herber Verlust für uns."

Für den FC Bayern und für die DFB-Frauen wiegt ihr Ausfall schwer. Aber beide Teams wissen, sie warten auf eine der besten Fußballerinnen der Welt. Und Lena Oberdorf weiß, wofür sie kämpft: Sie ist noch lange nicht fertig.

Dass Lena Oberdorf fest dazu gehört, zeigen ihre Mitspielerinnen ihr vor dem Auftakt gegen Australien: Lea Schüller hält beim Teamfoto ihr Trikot in die Kamera.

Gefeierte Siege, herbe Niederlagen

Der Jubel gehört zum Fußball genauso dazu wie die Enttäuschung. Kein Sieg ohne Niederlage, kein Gewinner ohne Verlierer. Damit umgehen zu können, bleibt die ewige Herausforderung für Spielerinnen und Spieler. Welche Erfolgsmomente Lena Oberdorf viel bedeutet haben, welche Pleiten ihr noch nachhängen – und was sie daraus gelernt hat.

Nach dem 10:1-Sieg in Jena feiert Lena Oberdorf ihre erste Meisterschaft.

13.11.2021, Bundesliga, 8. Spieltag, FC Bayern – VfL Wolfsburg, 0:1

Als ihre zweite Saison für den VfL Wolfsburg begann, konnte Lena Oberdorf das erste Mal in ihrer Karriere eine komplette Vorbereitung mitmachen. Bisher hatte sie jeden Sommer ein Turnier, mit den Juniorinnen oder dem Nationalteam, und war erst später zum Verein gestoßen. Doch die Olympischen Spiele von Tokio fanden ohne die deutschen Fußballerinnen statt, sie hatten sich nicht qualifiziert. Was aus der Klub-Perspektive von Vorteil war, denn mit Tommy Stroot hatte der VfL im Sommer 2021 einen neuen Trainer verpflichtet. Er konnte mit ungewöhnlich vielen Spielerinnen kontinuierlich arbeiten und machte auf Oberdorf mit seiner Spielidee gleich einen guten Eindruck: Hohes Pressing und viele Torchancen aus Überzahl-Situationen kreieren, so stellte sich Stroot den Fußball der Wölfinnen vor. Diesen Stil konnten sie in der Vorbereitung gemeinsam verinnerlichen.

Die entscheidende Prüfung der Hinrunde war die Partie gegen den FC Bayern. Almuth Schult bewahrte den VfL mit starken Paraden vor dem Rückstand gegen den Dauerrivalen, ein Kopfball von Kathrin Hendrich sollte das Duell entscheiden. Danach war sich Oberdorf sehr sicher: Wenn sie dieses Spiel auf diese Weise hatten gewinnen können, würden sie auch die Meisterschaft holen. Und so kam es dann auch, Tabellenplatz eins gaben die Wolfsburgerinnen nicht mehr her. In Jena sicherten sie sich am 21. Spieltag den Titel, mit einem 10:1-Torfestival, damit hatten sie genug Vorsprung auf die Münchnerinnen. Oberdorf feierte ihre erste Deutsche Meisterschaft, 20 Tage später sollte daraus im Pokalfinale ein Double werden.

Das entscheidende Tor von Kathrin Hendrich zum 1:0 gegen den FC Bayern.

Lena Oberdorf und Kathrin Hendrich schauen niedergeschlagen nach der Niederlage den feiernden Engländerinnen bei der Pokalübergabe zu.

31.7.2022, EM-Finale, England – Deutschland, 2:1

Ihr bisher größter Erfolg mit dem Nationalteam steht gleichzeitig für eine ihrer schwersten Niederlagen. Bei der Europameisterschaft in England spielten sich die Deutschen in einen Flow. Sie kämpften unermüdlich in jeder Partie und wurden dafür belohnt – bis zum Finale im berühmten Wembley-Stadion gegen die Gastgeberinnen. Ein Handspiel von Leah Williamson blieb ungeahndet, Ella Toone brachte England in Führung, Lina Magull glich aus – und dann kam die Verlängerung und die 110. Minute. Nach einer Ecke konnte der erste Schuss von Chloe Kelly geblockt werden, aber dann landete der Ball noch hinter der Linie. Die Deutschen waren so nah dran an ihrem ersten Titel seit dem Olympiagold von Rio 2016 gewesen und hatten doch verloren. Oberdorf wurde zur besten Nachwuchsspielerin gewählt, nur freuen konnte sie sich nicht, als sie im Stadion die Auszeichnung erhielt. „Wir gewinnen zusammen, aber ich verliere allein – so war es nicht, aber so hat sich das angefühlt", sagt Oberdorf. „Ich bin den Gedanken nicht losgeworden, dass ich im Finale mehr hätte leisten müssen."

3.6.2023, Champions League, Finale, FC Barcelona – VfL Wolfsburg, 3:2

In diesem Spiel steckten eigentlich zwei Spiele, aufgeteilt in die beiden Hälften. Der VfL Wolfsburg startete mutig und zeigte variablen Fußball, Ewa Pajor traf schon in der dritten Minute zur Führung, in der 37. Minute erhöhte Alexandra Popp auf 2:0. Es wirkte, als könnte dieser Sommerabend in Eindhoven in weiß-grüne Farbe getüncht werden. Doch als seien die Spielerinnen des FC Barcelona in der Pause wachgerüttelt worden, drehten sie in der zweiten Halbzeit so richtig auf. Erst schockte Patri Guijarro die Wolfsburgerinnen mit ihren Treffern in der 48. und in der 50. Minute, dann setzte die frühere VfL-Angreiferin Fridolina Rolfö noch einen drauf. Was diese Finalniederlage für den zweimaligen Champions-League-Sieger (2013, 2014) besonders bitter machte, war die Vorahnung, dass die Chance auf diesen Titel für den VfL womöglich so schnell nicht wiederkommt: Die internationale Konkurrenz ist zu stark geworden.

Wieder müssen Lena Oberdorf, Alexandra Popp und Kathrin Hendrich an einem großen Pokal vorbei, den andere überreicht bekommen.

Viel zu früh mussten die Koffer in Australien gepackt werden, bereits nach der Gruppenphase war die WM 2023 für die deutschen Nationalspielerinnen beendet.

Sommer 2023, Weltmeisterschaft

Oberdorf reiste angeschlagen nach Australien mit, sie war am Oberschenkel verletzt. Aber Bundestrainerin Martina Voss-Tecklenburg wollte sie trotzdem unbedingt dabeihaben. Während die anderen Nationalspielerinnen mit dem Ball trainierten, tastete Oberdorf sich mit der ebenfalls angeschlagenen Marina Hegering langsam zurück. Das 6:0 beim Auftakt gegen Marokko verpasste sie, danach war Oberdorf wieder fit genug. Ihre Erinnerung daran ist jedoch nicht die beste. „Die Reaktion in der Öffentlichkeit war: Jetzt ist Lena Oberdorf wieder dabei, jetzt gewinnen wir die WM", erzählt sie. Doch nach dem 1:2 gegen Kolumbien und dem 1:1 gegen Südkorea flogen die Deutschen raus, historisch früh in der Gruppenphase. Ein Jahr nach dem Hoch bei der EM folgte der tiefe Fall. „Danach habe ich mich so elend gefühlt", sagt Oberdorf. „Wegen dem Aus, aber auch wegen der Belastung."

Das Gute an dieser WM war für sie, dass sie daraus so viel gelernt hat wie zuvor vielleicht noch nie: Auf sich aufpassen, das muss vor allem sie selbst. Weil ab einer gewissen Schwelle der Erfolg des Teams Priorität hat, über so manche Belastungsgrenze hinweg. Immer wieder war Oberdorf seit ihrer Jugend trotz Blessuren von Trainerinnen und Trainern auf den Platz geschickt worden. Sie wollte das selbst ja auch. Es war ein gutes Gefühl, gebraucht zu werden. Außerdem: Sich zeigen zu können, kann entscheidend sein, jede Minute Spielzeit ist wichtig. Aber die Gesundheit, das weiß Oberdorf inzwischen, ist es eben genauso – vor allem für eine lange Karriere. Auch ihre Mutter erinnerte sie daran, nach einem jener Spiele, in das Oberdorf angeschlagen gegangen war, nicht ihre Leistung bringen konnte und sich danach Kritik anhören musste: „‚Das dankt dir danach keiner', hat Mama gesagt. Das ist mir hängen geblieben."

9.5.2024, DFB-Pokal, Finale, VfL Wolfsburg – FC Bayern, 2:0

Im Pokalfinale gegen den FC Bayern ist Lena Oberdorf mit vollem Einsatz dabei.

Nach diesem Sieg fand Wolfsburgs Trainer die passenden Worte zum Auftritt von Oberdorf. „In so einem Spiel unter diesem Fokus so eine Leistung zu bringen, zeigt ihre Klasse. Sie ist Weltklasse“, sagte Tommy Stroot und sprach von einer besonderen Druckresistenz: „Das ist Wahnsinn, in so jungen Jahren so eine Stabilität zu liefern.“ Oberdorf traf in diesem so wichtigen Spiel, ihrem drittletzten für den VfL, auf ihren künftigen Verein, den FC Bayern. Dieser Wechsel hatte so viel Aufregung ausgelöst, dass sie im Pokalendspiel unter besonderer Beobachtung stand – und lieferte: Den Pass auf Jule Brand vor dem 1:0 und überhaupt viel Leidenschaft und Zweikampfhärte. Oberdorf wollte zeigen, dass sie bis zum Schluss eine Wölfin ist. Nach der Zeremonie kamen ihr noch auf dem Platz die Tränen. Mit einem Titel hatte sie sich verabschieden wollen, und es war ihr gelungen.

Zum Abschied nach vier Jahren beim VfL kann Lena Oberdorf mit ihrem Team nochmal feiern.

Wichtige Trainer, bleibende Erkenntnisse

Das Talent und den Ehrgeiz hat Lena Oberdorf mitgebracht. Dass sie sich zu der Fußballerin entwickelt hat, die sie heute ist, liegt aber auch an den Trainerinnen und Trainern, die sie geformt, gefordert und gefördert haben. Von ihren vielen Coaches haben vier Menschen sie besonders beeinflusst: in unterschiedlichen Phasen ihrer Karriere und in verschiedenen Bereichen des Spiels – auf ganz eigene Weise.

Horst Hrubesch

Markus Högner, SGS Essen

Er hat großen Anteil daran, dass sich die Sportgemeinschaft Essen-Schönebeck seit Jahren in der 1. Bundesliga hält und stetig Talente ausbildet, obwohl kein finanzstarker Lizenzverein dahintersteht. Mit Högner an der Seitenlinie startete Lena Oberdorf ihre Bundesliga-Karriere. Was sie an ihm schätzt, ist seine motivierende Art. So wichtig er den Wettkampf nimmt, hat er seinen Spielerinnen dabei eine gewisse Lockerheit vermittelt. Seine Herangehensweise hat Oberdorf verinnerlicht: Grenzen überwinden, immer alles geben und nie aufhören zu kämpfen – auch wenn während eines Spiels irgendwo etwas zwickt. Gemeinsam erreichten sie das Finale des DFB-Pokals 2019/20 gegen den Titelabonnenten VfL Wolfsburg. 3:3 stand es nach der Verlängerung, erst im Elfmeterschießen konnte die SGS gestoppt werden.

Horst Hrubesch, Interims-Bundestrainer

Der frühere Bundesliga- und Nationalspieler, Spitzname Kopfballungeheuer, hat das deutsche Nationalteam in zwei Phasen betreut. Nach Steffi Jones, von April 2018 bis Ende November 2018, und nach Martina Voss-Tecklenburg, von Oktober 2023 bis zum Ende der Olympischen Spiele 2024. Nach schwierigen Monaten mit sportlichen wie menschlichen Enttäuschungen vermochte Hrubesch es, Ruhe und Klarheit zurückzubringen. Mit seinem Blick aufs Wesentliche hat er auch Oberdorf in ihrer persönlichen Entwicklung beeinflusst. So manches setzte er im richtigen Moment mit dem passenden Ton in Relation und half ihr, so manche Herausforderung des Profifußballs zu bewältigen.

Druck und Probleme? Haben vor allem Menschen, die nicht wissen, wie sie ihre Familie ernähren sollen und die jeden Euro umdrehen müssen. Auf dem Platz? Zählt nur der Fußball. Likes bei Social Media? Spielen da keine Rolle. Hochgelobt von allen Seiten? Dann bring deine Leistung! Um diese Themen ging es. Oberdorf mochte die direkte Art von Hrubesch. Wie nach dem Nations-League-Spiel auf Island, als der Bundestrainer sie am Anorak packte und nach hinten zog. Alle waren erleichtert nach dem 2:0, es ging schließlich um die Olympia-Qualifikation. Hrubesch aber sagte erstmal: „Kleine ... Wie kann man mit so viel Qualität so scheiße spielen? Da geht noch mehr!" Für Oberdorf war er ein wichtiger Antreiber. „Horst war jedes Mal überzeugt, dass ich besser sein kann", sagt sie. „Das hat mich motiviert."

Elixabete „Eli“ Sarasola, Individualtrainerin

Viele Athletinnen und Athleten arbeiten zusätzlich mit Trainerinnen und Trainern zusammen, die sich ihnen in ganz spezifischen Punkten widmen. Bei Oberdorf ist das Eli Sarasola. Die Spanierin stand früher unter anderem bei Real Sociedad in ihrer Heimat und in den Niederlanden bei PSV Eindhoven im Tor. Heute arbeitet sie als Individualtrainerin, analysiert die Spielweise einzelner Profis und versucht, diese weiterzuentwickeln mit dem Fokus auf Aspekte, die im Mannschaftstraining zu kurz kommen. Es geht um Technik und Orientierung: Wie positioniert sich jemand zum Ball? Wohin geht der Blick?

Oberdorf trainiert seit 2021 mit Sarasola. Sie hat intuitiv schon vorher einiges richtig gemacht, deshalb fallen die Veränderungen auf den ersten Blick weniger auf. Oberdorf selbst hat jedoch durchaus eine Veränderung wahrgenommen. „Eli hat mir sehr weitergeholfen, weil ich jetzt das Gefühl habe, viel mehr Zeit mit dem Ball zu haben“, sagt sie. „Ich merke, dass ich auch unter Druck souveräner geworden bin, das hat mir zusätzlich Selbstvertrauen gegeben.“ Beim VfL Wolfsburg lernte Oberdorf, strategischer zu denken – durch Sarasola kam eine größere Ruhe dazu.

Robin Joostens, Mentalcoach

Je erfolgreicher und bekannter Fußballprofis werden, desto mehr steigt auch der Druck. Ausgelöst vom eigenen Anspruch und Ehrgeiz, verstärkt von den Erwartungen des Umfeldes und der Öffentlichkeit. Hinzu kommen die Ziele und Forderungen des Vereins. Damit umzugehen, kann schwierig sein und Stress auslösen. Bei Oberdorf war das Interesse nach der EM 2022 noch größer, als es vorher schon war. Sponsoren, Medien, Fans, alle wollten permanent etwas von ihr. Und so fing sie an, mit dem Niederländer Robin Joostens zu sprechen.

Er arbeitete bereits als Teampsychologe für den VfL Wolfsburg, Spielerinnen konnten zu ihm gehen, wenn sie sich austauschen und jemandem anvertrauen wollten. Vorher hatte Oberdorf nie das Gefühl, dass so ein Gespräch für sie nötig gewesen wäre. Aber dann merkte sie, was sich in ihren ersten Profijahren alles angesammelt hatte. Gedanken Raum zu geben, statt sie zu verdrängen; den Fokus halten auf das, was einem selbst wichtig ist; lernen, mit der eigenen Energie sorgsam umzugehen; filtern, was von außen auf einen einprasselt – Joostens gab ihr Werkzeuge dafür an die Hand, zum Beispiel Atemübungen zum Entspannen. Oberdorf weiß nun besser, wie sie Leichtigkeit findet, wenn sie ihr abhanden zu kommen droht.

Foto mit dem gesamten Team, nachdem der VfL in der Champions League 2022/23 Paris Saint-Germain bezwungen hat und ins Halbfinale eingezogen ist.

Rückzugsort Familie

Lena Oberdorf mit ihrer Mutter beim Relegationsspiel im Ruhrstadion zwischen dem VfL Bochum und Fortuna Düsseldorf im Mai 2024. Ihr Bruder Tim spielt für Fortuna Düsseldorf.

Wenn Lena Oberdorf einfach nur sein will, wie sie ist, ohne sich Gedanken um irgendetwas zu machen, kann sie das am besten bei ihrer Familie. Ihr Verhältnis zu Mama Bettina, Papa Frank, Bruder Tim und Schwester Julia ist innig. Sie alle stehen sich nahe. Wie gut ihre Eltern sie kennen, hat Oberdorf nach der EM 2022 gemerkt. Das verlorene Finale gegen England beschäftigte sie sehr. Sie fühlte sich leer. Angekommen in Gevelsberg, lag Oberdorf mehrere Tage im Garten, hörte Musik, wollte mit niemandem sprechen – und musste nichts sagen. Ihre Eltern spürten, dass die Tochter Ruhe benötigt. „Sie wissen, wenn ich reden will, komme ich zu ihnen", sagt Oberdorf. „Und sie wissen, dass ich meine Freiheit brauche, um mit manchen Themen erstmal selbst klarzukommen."

Oberdorfs Eltern haben ihre Tochter geprägt damit, wie wichtig eine Gemeinschaft ist, im Leben generell und im Sport. Niederlagen teilt man im Team genauso wie Siege – und mit Geschwistern und Freunden bitte auch die Schokolade und Spielsachen. Die Leidenschaft für den Sport können Mama und Papa gut nachempfinden: Bettina war früher Siebenkämpferin, Frank ambitionierter Amateurfußballer. Ihr Talent haben sie an ihre Kinder weitergegeben. Tim hat es als Verteidiger in die 2. Bundesliga zu Fortuna Düsseldorf geschafft, Julia spielt ebenfalls in der 2. Bundesliga, im American Football für die Wuppertal Greyhounds. „Aber ich hatte nie das Gefühl, dass unsere Eltern uns dahin gedrängt haben. Ihnen war das Wichtigste, dass wir Spaß haben", sagt Oberdorf. Vor allem ihr Vater versuchte entgegenzuwirken, wenn es früh hieß: „Aus Lena wird mal was, sie schafft es bestimmt ins Nationalteam."

Mit ihm und ihrem Bruder verbindet Oberdorf natürlich auch der Fußball. Frank berät sie seit den ersten Jahren ihrer Karriere bei sportlichen Entscheidungen. Tim hat eine ähnliche Art, was den Humor angeht – und sogar bei Verhaltensweisen: gleiche Mimik, gleiche Gestik, wie Zwillinge. Wenn Oberdorf Halsschmerzen hatte und ihrem Bruder schrieb, sie glaube, krank zu werden, kam schon oft zurück: „Ach was! Ich auch!" Und wenn sie ein kleines bisschen abzuheben schien, lag es auch an Tim, dass sie auf dem Boden blieb. Dreimal erhielt Oberdorf zum Beispiel die Fritz-Walter-Medaille des Deutschen Fußball-Bundes, eine besondere Auszeichnung für Talente. 2018 gewann sie Bronze, 2019 Silber, 2020 Gold. Statt seine Schwester groß zu feiern, fragte Tim grinsend: „Gibt's denn keine besseren Spielerinnen in deinem Jahrgang?"

Oberdorf wuchs auf mit dem Bewusstsein, dass Vielfalt und ein offenes Miteinander das Leben bereichern. In ihrer Familie, aber auch in Gevelsberg überhaupt, so hat sie das empfunden, wurden keine Unterschiede gemacht: „Jede und jeder war einfach Gevelsberger, das hat man gelebt." Wenn sie heute ihren Heimatort besucht, ist sie die Lena von früher, weniger die bekannte Fußballerin. Als wäre die Zeit stehengeblieben. Wenn sich sonst im Leben alles so schnell dreht, tut das besonders gut.

Lena Oberdorf mit Familienhund Rookie (links) und mit Bruder Tim auf Ibiza (rechts).

Obi
lena.oberdorf
Auf Spotify speichern
00:00

Die Liebe zur Musik

Einfach nur Fußball, das würde Lena Oberdorf nicht reichen. Sie braucht einen Ausgleich. Also begann sie nach dem Abitur ein Fernstudium in BWL. Viele Spielerinnen bereiten sich über Ausbildungen oder an Hochschulen und Universitäten auf die Zeit nach dem Profisport vor. Manche arbeiten auch schon parallel zum Fußball in einem anderen Job, weil sie bei ihrem Verein nicht genug verdienen. Doch die Seminare mit dem Spielplan und mehr Terminen drumherum zu vereinbaren, fiel Oberdorf zunehmend schwer. Das Studium brach sie ab und hat sich diesen Weg als Option für die Zukunft offengehalten.

Mit Rap oder House bringt sie sich in Wettkampf-Stimmung

Die Zeit abseits des Fußballs verbringt Oberdorf nun vor allem mit ihrer Leidenschaft, der Musik. Sie weiß aus eigener Erfahrung, dass es wichtig sein kann, ein Hobby zu haben, wenn es im Fußball mal nicht so läuft. Etwas, das einem Energie gibt – oder einen beruhigt. Sie schaltet bewusst mit melancholischen Liedern vom Fußball ab, mit Rap oder House bringt sie sich vor Spielen in Wettkampfstimmung. Seit Stefan Dabruck mit seinem Team ihr Management übernommen hat, spielt Musik eine noch größere Rolle für sie. Dabruck kennt Oberdorf, seit sie ein Kind ist, seine Mutter ist ihre Patentante. Er betreut Musiker wie Alle Farben und Robin Schulz – mit Oberdorf gehört nun auch eine Profisportlerin dazu, und sie lernt diese andere Welt besser kennen.

Wenn keine Spiele anstehen, geht sie auch mal für einen Tag auf ein Festival, bei dem Künstler von Dabruck auftreten. Und sie hat sich ein DJ-Pult gekauft. Seitdem lässt sie die Konsole der Playstation öfter liegen und steht lieber an ihrem Mischpult. Vor allem Mashups machen ihr Spaß. Dabei mischt Oberdorf Lieder, indem sie zum Beispiel den Gesang eines Songs über die Melodie eines anderen legt. Eigene Lieder hat sie noch nicht produziert. Aber vielleicht wechselt Oberdorf ja nach der Fußballkarriere auf die Musikbühne.

Was Lena einzigartig macht

Schon ihr schneller Aufstieg zeigte, dass es sich bei Lena Oberdorf um ein großes Talent handelt. Aber das allein reicht im Profisport nicht. Es braucht bestimmte Eigenschaften, um sich wirklich durchsetzen zu können. Welche das bei ihr sind und warum sie damit heraussticht.

Ihrer Zeit voraus

Lena Oberdorf war früh bereit für hochklassigen Fußball. Sie kam erstaunlich schnell in der Bundesliga an – und war in den Nationalteams eine Überfliegerin. Mit zwölf debütierte sie bei den U15-Juniorinnen, mit 14 gehörte sie zur U17-Auswahl, mit 16 Jahren zur U20 – bevor sie mit 17 Jahren und 109 Tagen als achtjüngste Spielerin erstmals bei den DFB-Frauen und bald darauf als jüngste deutsche Fußballerin bei einer Weltmeisterschaft eingesetzt wurde. Sie war nicht einfach nur dabei, sondern sollte direkt liefern, weil es ihr zugetraut wurde. Oberdorf wirkte stets, als sei sie schon genau an der richtigen Stelle. Sie trat nicht überfordert auf, sondern routiniert, als wäre es ganz selbstverständlich, so jung so gut zu spielen. Bei ihrer WM-Premiere 2019 in Frankreich gegen China wurde Oberdorf auch deshalb eingewechselt, weil die damalige Bundestrainerin Martina Voss-Tecklenburg mehr Ruhe ins Spiel bringen wollte und das Oberdorf am ehesten zutraute. „Es spricht für Lena, unsere Jüngste, dass sie uns mit physischer Präsenz Stabilität gegeben hat“, sagte Voss-Tecklenburg danach.

Eine Aufwärmphase? Braucht Lena Oberdorf nicht: Als sie gegen China 2019 ihr WM-Debüt gibt, erfüllt sie den Auftrag der Bundestrainerin umgehend.

Robustes, athletisches Spiel

Mit älteren Kindern im Garten und dann im Verein bei der TSG Sprockhövel mit und gegen Jungs gespielt zu haben, bis sie 16 Jahre alt war, hat ihren Fußball geprägt. Dass von der Seitenlinie manchmal Sprüche kamen, wenn sie als einziges Mädchen auf dem Platz stand, hat ihren Willen und ihr Selbstbewusstsein gestärkt. Vor allem aber ist ihre Spielweise robuster als bei manch anderer geworden, weil sie sich mit Körpereinsatz wehren musste, um sich gegen größere, schnellere und kräftigere Jungs durchzusetzen. „Das hat mich zu einer besseren Spielerin gemacht", sagt Oberdorf.

Damals ließ sie sich Tricks einfallen, kleine Nickeligkeiten, wie sie Duelle gewinnen oder den Ball zügig weiterpassen konnte, bevor ihr einer auf die Füße trat. Dass sie einen athletischen Körper und einen schnellen Antritt hat, hilft natürlich. Wenige Fußballerinnen bringen eine ähnliche Physis auf den Platz wie sie. Das macht sie auch in Zweikämpfen so stark, ihrer herausragenden Eigenschaft: Mit viel Wucht, oft draufgängerisch und hartnäckig setzt sie sich in der Regel durch. Für ihr Spiel ist das essenziell. Zwei, drei gute Zweikämpfe – und Oberdorf ist drin.

Defensivlust

Früher hat Oberdorf sich auf YouTube Videos des spanischen Abwehrspielers Sergio Ramos angeschaut – und sich von ihm abgeguckt, dass man auch Grätschen mit geballten Fäusten feiern kann wie Tore. Bei der Europameisterschaft 2022 im Viertelfinale gegen Österreich zum Beispiel zeigte Oberdorf in vielen Zweikämpfen ihre Freude am Verteidigen, was ihr Lob einbrachte. Die Bundestrainerin war begeistert von einem Auftritt „mit einer Reife, mit einer Intensität, mit einer Lust, Bälle zu erobern". Damit schüchtert Oberdorf nicht nur Gegnerinnen ein, sie reißt auch ihre Mitspielerinnen mit.

Nur schwer zu überwinden: Lena Oberdorf, hier im Duell mit der Österreicherin Laura Feiersinger, bringt viel Physis auf den Platz.

Übersicht und Ruhe am Ball

Oberdorf kann einem Team aus dem Mittelfeld heraus viel Stabilität verleihen. Sie erkennt früh freie Räume und antizipiert die Laufwege ihrer Mitspielerinnen – so kann sie entscheidende Pässe spielen und das Spiel aus dem Zentrum heraus lenken. Und auch wenn sie unter Druck gesetzt wird, scheint ihr Fuß in so manchen Situationen immun gegen Hektik zu sein.

Verantwortungsgefühl

Es passt zu ihrem Spielstil, dass Oberdorf gerne Verantwortung übernimmt. Im Mannschaftsrat – und auf dem Platz. Ihre Ausstrahlung speist sich aus ihrem Selbstvertrauen wie auch aus dem Anspruch, für das Team da sein zu wollen. Damit gibt sie anderen Sicherheit. „Jule Brand hat mal zu mir gesagt: Immer, wenn es nicht so gut lief, habe ich dich angeschaut und ich wusste, wir schaffen das", sagt Oberdorf. „Das hat mich berührt, weil mir klar wurde, was für eine Wirkung ich auf andere haben kann." Für sie betrifft Verantwortung alle Bereiche: Oberdorf legt Wert darauf, pünktlich und gut vorbereitet ins Training zu kommen. Bevor die eigentliche Einheit beginnt, hat sie oft schon individuelle Übungen absolviert.

Flexibilität

Ihre Stammposition ist inzwischen die sogenannte Sechs oder Doppelsechs im defensiven Mittelfeld. Hier fühlt sich Oberdorf am besten aufgehoben – und zählt zu den stärksten Spielerinnen auf dieser Position. Die zentrale Aufgabe, sich als Bindeglied zwischen der Abwehr und den Stürmerinnen zu bewegen sowie gegnerische Angriffe zu unterbinden, erfüllt sie zuverlässig. Sie hält den anderen den Rücken frei, vor allem mit gewonnenen Zweikämpfen. Genauso bringt Oberdorf die Eigenschaften und Fähigkeiten für die Innenverteidigung mit. Früher hat sie auch auf der Zehn gespielt, also eine offensivere Rolle eingenommen. Und auch wenn sie sich selbst in erster Linie als Defensivspielerin sieht, will sie den Fokus stärker darauflegen, mehr nach vorne zu wirken.

Dass sie in der Defensive stark ist, hat Lena Oberdorf bewiesen – künftig will sie auch offensiv mehr Akzente setzen.

Freundinnen und Vorbilder im Fußball

Freundschaften zu pflegen wird im Profibereich mit dem härteren Konkurrenzkampf und individueller Karriereplanung schwieriger. Umso wertvoller sind die Beziehungen, die Duelle auf dem Platz und Vereinswechsel überdauern und von speziellen Erfahrungen geprägt sind. Über die Fußballerinnen, die für Lena Oberdorf mehr sind als Mitspielerinnen oder Konkurrentinnen.

Erst zusammen bei der SGS Essen, dann auch im Nationalteam und nun beim FC Bayern: Lea Schüller ist mit die beste Freundin von Lena Oberdorf - und weiß quasi alles über sie.

Zwei Wölfinnen: Jule Brand und Lena Oberdorf haben zusammen beim VfL gespielt – und zum Abschluss dieser Zeit den DFB-Pokal gewonnen.

Lea Schüller

Als Lena Oberdorf die Olympischen Spiele in Paris verletzt verpasste, war es Lea Schüller, die das Trikot mit der Nummer 6 beim ersten Teamfoto in die Kamera hielt und die beim Torjubel gemeinsam mit Giulia Gwinn ein „O“ mit Daumen und Zeigefinger zum Gruß formte. „Ich denke jeden Tag an sie“, sagte Schüller damals. „Sie ist meine beste Freundin – ich vermisse sie einfach unfassbar.“ Wenn es im Fußball jemanden gibt, der quasi alles von Oberdorf weiß, dann ist es Schüller. Sie ist ihre Vertrauensperson. Die beiden sind befreundet, seit sie von 2018 bis 2020 zusammen bei der SGS Essen gespielt haben. Dann wechselte Schüller zum FC Bayern und Oberdorf zum VfL Wolfsburg. Beim Nationalteam spielten sie weiterhin zusammen. Bei der WM 2023 redeten sie darüber, dass es doch toll wäre, wieder beim gleichen Verein zu spielen. „Obis Mutter hat dann auch gesagt, dass es mal wieder Zeit wird, dass wir in einer Mannschaft spielen“, erzählte Schüller auf einer DFB-Pressekonferenz. Eins kam zum anderen – und nun ist dieser Wunsch beim FC Bayern wahr geworden.

Jule Brand

Als sich die beiden das erste Mal bei einem DFB-Lehrgang begegneten, Jule Brand in der U19, Lena Oberdorf in der U20, nahmen sich die beiden noch nicht so richtig wahr. Das änderte sich schnell, als Brand zur Saison 2022/23 von der TSG 1899 Hoffenheim zum VfL Wolfsburg wechselte und sich die beiden anfreundeten. Im Sommer 2023 teilten sie sich in Australien ein Apartment, Spaßfaktor in der WM-WG: hoch! Oberdorf schätzt an der Flügelspielerin Brand „die unbekümmerte Art, die ich auch manchmal brauche, damit ich mal entspanne und runterkomme“. Und sie weiß, Brand ist für sie genauso in schwierigen Phasen da. Dass die beiden sich mögen, hilft natürlich auch dabei, sich fußballerisch zu verstehen.

Alexandra Popp

Die Kapitänin des VfL Wolfsburg und des deutschen Nationalteams kommt aus der gleichen Region, sie begann mit dem Fußballspielen beim FC Schwarz-Weiß Silschede in Gevelsberg, Oberdorfs Heimatort. Das verbindet die beiden – nicht zuletzt wegen einer Geschichte. Als Kind traf Oberdorf auf einem Fußballplatz die schon damals bekannte Spielerin und konnte nicht fassen, dass das wirklich DIE Alexandra Popp war. Also ging Oberdorf nach den ersten schüchternen Blicken zu der fast elf Jahre älteren Fußballerin hin und sagte, wenn sie wirklich Alexandra Popp sei, solle sie als Beweis doch ihren Führerschein zeigen. Foto und Name passten, Oberdorf war zufrieden und bat Popp um ein Autogramm.

Beim ersten Lehrgang mit dem Nationalteam hoffte Oberdorf inständig, dass Popp diese Episode längst vergessen hätte. Doch Popp kam auf sie zu, grinste und fragte: „Weißt du noch, damals, als du kleiner warst, Führerschein und so?"

Den Führerschein musste Popp dann nicht mehr zeigen. Stattdessen ist sie für Oberdorf zur Mentorin geworden. Von ihr fühlte Oberdorf sich verstanden, Popp galt auch schon früh als vielversprechendes Talent, sie konnte sich gut in ihre Situation versetzen und Tipps geben. Popp half ihr, sich in der nun größer gewordenen Welt des Profifußballs zu orientieren. Sie zeigte ihr aber genauso Grenzen auf, wenn Oberdorf sich ungerecht behandelt fühlte, mit den Schiedsrichterinnen diskutierte und ein Rüffel drohte. Von ihr – wie von Almuth Schult – ließ Oberdorf sich etwas sagen. Und weil Popp selbstbewusst auftrat und genau zu wissen schien, was sie wann tun musste, hat sie Oberdorf auf dem Platz Sicherheit gegeben.

Führungsspielerinnen, Mentorinnen, Vorbilder, Freundinnen:
An Alexandra Popp und Almuth Schult (rechts) hat Lena Oberdorf sich orientiert, im Nationalteam wie auch beim VfL Wolfsburg.

Almuth Schult

Die eigene Meinung zu vertreten und eine Haltung zu zeigen, ohne sich zu sehr von Reaktionen beeinflussen zu lassen, ist Oberdorf wichtig. Beispielhaft hat das im deutschen Fußball zuletzt vor allem Almuth Schult vorgelebt. Die Torhüterin ist bekannt dafür, auch unangenehme Themen und Probleme anzusprechen. Mit ihr spielte Oberdorf im Nationalteam und in Wolfsburg, mit ihr war sie im Mannschaftsrat und hat miterlebt, wie Schult sich für die Interessen der Spielerinnen eingesetzt hat. Für Oberdorf ist Schult Freundin und Vorbild zugleich. Dass sie anfängt, eine ähnliche Rolle einzunehmen, zeigte sich nach dem Trubel um die ehemalige Bundestrainerin Martina Voss-Tecklenburg im WM-Sommer 2023. Öffentlich äußerte sich kaum eine. Oberdorf wollte das ändern und kritisierte vor TV-Kameras das Verhalten von Voss-Tecklenburg. „Ich fand, es bringt nichts, nur herumzudrucksen", sagt sie. „Und ich glaube, ich kann gut einschätzen, wie ich mich wann äußere." In diese Richtung will sie sich weiterentwickeln. Das gehört für sie zum Profil einer Führungsspielerin dazu, die Verantwortung übernimmt.

Patricia „Patri" Guijarro

Oberdorf selbst gehört zu den derzeit besten Fußballerinnen im defensiven Mittelfeld. Für sie wiederum zählt auf dieser Position die spanische Nationalspielerin Patricia Guijarro vom FC Barcelona zu den Führenden: „Ich liebe es, wie sie spielt!" Dass beim Champions-League-Sieger die beiden Ballon-d'Or-Gewinnerinnen Alexia Putellas und Aitana Bonmatí in der Offensive so glänzen können, liegt für Oberdorf an „Patri". Weil sie das Spiel der Katalaninnen am Laufen hält, die entscheidenden Bälle verteilt und mit ihrer Übersicht Räume sieht, die andere nicht sehen.

Bei den Männern findet sie den früheren spanischen Nationalspieler Sergio Ramos und den deutschen Nationalspieler Joshua Kimmich beeindruckend. Ramos, weil er kompromisslos verteidigt; Kimmich, weil er nie aufgibt.

Patricia Guijarro vom FC Barcelona zählt für Lena Oberdorf zu den besten Mittelfeldspielerinnen. Im Champions-League-Finale 2023 trafen die beiden aufeinander.

Lenas Best-of-Erinnerungsalbum

Während einer Saison stehen für Fußballprofis so gut wie jede Woche Spiele an. Manchmal sogar zwei, wenn zum Liga-Alltag Partien in der Champions League hinzukommen. Über die Jahre sammeln sich ganz schön viele Minuten auf dem Platz an, zu viele, um sie sich zu merken. Manche Momente aber prägen sich fest im Gedächtnis ein. Welche das für Lena Oberdorf sind, steht hier – in ihrem ganz persönlichen Erinnerungsalbum.

Grätschen gehören zu den Spezialitäten von Lena Oberdorf – und fühlen sich für sie manchmal an wie Tore. Zum Beispiel diese im EM-Halbfinale gegen Frankreich.

7.10.2016, U17-WM in Jordanien, Deutschland – Kamerun, 2:0

„Erstes großes Turnier, erste große Reise mit dem Nationalteam. Das allein war schon aufregend. Das erste Gruppenspiel gegen Venezuela hatten wir 2:1 gewonnen, ich bin eingewechselt worden, habe aber kein Tor geschossen. Gegen Kanada saß ich auf der Bank. Gegen Kamerun durfte ich dann wieder spielen, ab der 71. Minute für Sydney Lohmann. Eine Minute später habe ich das 2:0 erzielt – mein erstes WM-Tor! Schön anzusehen war es nicht, ich bin in die Torhüterin reingerannt, hab den Ball auf mein Knie bekommen und dann war er drin. Aber das war mir am Ende auch egal."

27.7.2022, Europameisterschaft, Halbfinale, Deutschland – Frankreich, 2:1

„Die Französinnen waren wirklich unangenehme Gegnerinnen mit viel Offensivpower und schnellen, torgefährlichen Spielerinnen. Wir wussten, dass wir uns keine Fehler leisten durften und besonders in der Defensive gefordert sein würden. Wir alle hatten quasi keine Zeit zum Durchatmen, wir waren in jeder Sekunde alarmiert, das war eines dieser Spiele, wo Dauerspannung in der Luft liegt. Ich habe mit Lina Magull und Sara Däbritz im Mittelfeld gespielt. In einer Szene in der ersten Halbzeit hat Marina Hegering ziemlich hoch verteidigt, Delphine Cascarino kam durch und ich dachte: Wenn ich sie nicht aufhalte, schießt die ein Tor. Also habe ich eine Grätsche ausgepackt, die vielleicht beste in meiner Karriere bisher. Wenn ich da den Ball nicht getroffen hätte, hätte ich die Rote Karte gesehen und wäre vom Platz geflogen. Im EM-Halbfinale! Aber ich habe den Ball getroffen – und habe mich danach gefühlt, als hätte ich ein Tor gemacht."

8.12.2022, Champions League, Gruppenphase, VfL Wolfsburg – AS Roma, 4:2

„Ich wollte unbedingt dabei sein, aber ich fühlte mich krank. Was tun? Schlaf hilft mir eigentlich immer, auch diesmal war das so. Locker fünf Stunden habe ich vor dem Spiel geschlafen, danach war ich einigermaßen fit. Natürlich habe ich überlegt, ob es so eine gute Idee ist zu spielen – Abendspiel, Minusgrade. Die Antwort darauf habe ich mir gewissermaßen auf dem Platz gegeben. In der 40. Minute habe ich mit meinem eigentlich schwächeren linken Fuß einen schönen, langen Pass zu Sveindís Jónsdóttir gespielt, die dann das 2:0 gemacht hat. Diese Szene steht für mich stellvertretend dafür, was mein Körper alles aushalten kann, wenn es darauf ankommt."

7.5.2023, Bundesliga, 19. Spieltag, VfL Wolfsburg – 1. FC Köln, 7:1

„In diesem Spiel habe ich zwei Tore gemacht, aber vor allem das eine zum 3:1 in der 40. Minute werde ich wohl nie vergessen. Der Ball kam von Dominique Janssen zu mir, ich habe mit dem Vollspann aus 23 Metern abgezogen und er ist so perfekt geflogen. Eigentlich ist mir der Ball etwas abgerutscht, aber wahrscheinlich ist er genau dadurch so platziert im rechten Kreuzeck gelandet. Das war schon ein Traumtor, wahrscheinlich eines meiner besten. Kurz vor der Pause habe ich dann auch noch mit links getroffen."

5.4.2024, EM-Qualifikation, Österreich – Deutschland, 2:3

„Die Szene ist auf den ersten Blick vielleicht nicht so spektakulär – für mich aber hat sie große Bedeutung. Ich bin ins Duell mit Eileen Campbell gegangen. Sie hatte schon die ersten beiden Tore für Österreich geschossen. Wir hatten den Rückstand inzwischen aufgeholt und führten 3:2. Wäre Campbell durchgekommen, hätte sie also womöglich ausgeglichen. Sie rannte die linke Seite entlang, ich konnte sie erst nicht stoppen. Sie war schon in den Strafraum gezogen, aber ich bin an ihr drangeblieben, habe sie eingeholt und noch abgelaufen. Über die Jahre haben mir einige immer wieder gesagt, ich wäre langsam. Nach diesem Sprint-Duell hab ich all jenen gedanklich geantwortet: Seht ihr? Von wegen, ich kann sehr wohl rennen!“

»Ich hinterfrage mich permanent«

Im Interview spricht Lena Oberdorf über die Herausforderungen des Profifußballs und wie sie mit Erwartungen, Kritik und Rückschlägen wie der schweren Knieverletzung kurz vor den Olympischen Spielen umgeht.

Lena Oberdorf mit Anna Dreher in München.

Lena, der Fußball hat dein Leben schon früh geprägt. Was hat dir dieser Sport bis heute gegeben?

Selbstvertrauen und Sicherheit. Ich stand auf dem Platz und wusste ziemlich bald: Ich kann das richtig gut. Dieses Gefühl habe ich mitgenommen, das hat mich ab der Schulzeit getragen. Dadurch habe ich eigentlich nie Probleme, irgendwo anzukommen oder Menschen kennenzulernen. Ich werde immer den Fußball haben, das gibt mir eine innere und äußere Ruhe.

Hat dich der Fußball verändert?

Ich glaube, ich bin noch die gleiche Lena von früher. Aber ich habe gelernt von all den verschiedenen Charakteren, denen ich begegnet bin. Ich beobachte, was ich an den unterschiedlichen Persönlichkeiten mag, und versuche, davon etwas mitzunehmen und mich auf diese Weise weiterzuentwickeln. Und der Frauenfußball ist so eine offene Welt, in der allerdings vieles noch nicht selbstverständlich ist und wir Spielerinnen für unsere Interessen einstehen müssen. Das prägt natürlich auch den eigenen Blick.

Beim Testspiel gegen Juventus Turin unterstützte Lena Oberdorf ihr Team als Zuschauerin im Stadion.

Wie sehr ist die Person Lena Oberdorf mit der Fußballerin verbunden?

Durch den Fußball wurde ich, wer ich bin. Vor ein paar Jahren kam auch schon mal der Punkt, an dem ich mich gefragt habe: Wer bin ich überhaupt ohne den Fußball? Gleichzeitig gibt es eine Trennung. Im Sport bin ich sehr ehrgeizig, will mich in jedem Training verbessern, will Titel gewinnen, will die Beste sein. Meine ganzen Ziele beziehen sich auf den Sport. Das erfüllt mich so sehr, dass ich mein privates Leben einfach nur genießen möchte.

Ich werde immer den Fußball haben.

Was motiviert dich in deiner Karriere?

Ich habe Fußball nicht mit dem Gedanken angefangen, Profi werden zu wollen. Ich wollte einfach mit meinen Freunden kicken. Mein Antrieb war immer der Spaß am Spiel und später kam der Wunsch dazu, dass auch andere Freude haben sollen, wenn sie mir zuschauen. Ich genieße die Aufmerksamkeit in den Stadien schon auch, diese Anerkennung. Aber manchmal würde ich gerne wie früher einfach nur auf dem Bolzplatz zocken, ohne das Drumherum, das ist manchmal mein Dilemma: Dann will ich herausstechen als Fußballerin, ohne herauszustechen als Person.

Die Öffentlichkeit wird bleiben und die Aufmerksamkeit eher zunehmen. Also musst du wohl zwangsläufig einen Weg finden, dich daran anzupassen. Hast du hierfür eine Lösung?

Ich kann einen Schalter umlegen. Auf dem Platz bin ich laut und aggressiv, ich diskutiere viel, ich bekomme gelbe Karten. Wenn ich Termine habe, bin ich gut drauf und kann andere unterhalten. Doch sobald ich nach Hause komme, bin ich eher ruhig, sensibel, harmoniebedürftig. Da kommt eine andere Seite hervor, die ich sonst nicht zeige, weil sie einen natürlich angreifbar macht. Ich habe auch nie nach außen getragen, wie schlecht es mir manchmal ging, wenn ich mit Verletzungen zu kämpfen hatte – und wie das an mir gezehrt hat. Aber wenn du keine Leistung bringst, ist die Kritik groß. Keiner weiß, dass du dich gerade mit Schmerzen durchquälst oder dich vielleicht getrennt hast. Das interessiert am Ende niemanden, weil im Fußballbusiness nur Leistung zählt. Das ist ja auch unser Job.

Gerade zumindest ist das anders, durch den Kreuzbandriss kurz vor Olympia ist allen klar, dass du dich monatelang zurückkämpfen musst.

Ich warte noch auf diesen einen großen Moment, in dem es mich trifft. Die meiste Zeit versuche ich zu verdrängen, welche Dimension die Verletzung hat, zu funktionieren und mich abzulenken. Ich habe zu großen Respekt davor, mich der Situation emotional zu stellen, weil ich meine Kraft für die Reha brauche, deshalb zögere ich es heraus. Noch so ein Schalter, den ich umlege. Nur funktioniert das nicht, wenn ich Zeit zum Nachdenken habe, die Reha stockt oder ich mich mit Giulia Gwinn austausche. Sie weiß genau, was ich durchmache. Mit ihr zu reden, tut mir gut. Gleichzeitig wird mein Kreuzbandriss dadurch real. Dann erwischt mich das schon – und ich versuche wieder, mich abzulenken. Die Verletzung, so komisch das klingt, hilft mir aber auch.

Inwiefern?

Mein Rhythmus hat sich das erste Mal nach so vielen Jahren verändert. Das gibt mir Raum für andere Sachen und ich kann ein bisschen innehalten. Ich hatte nie Pausen, stand ständig unter Strom, es ging immer schnell weiter bei mir. Das wollte ich so, aber dadurch hat sich auch dieser Druck aufgebaut, innerlich wie öffentlich. Bis zu dem Punkt, dass ich nach der EM 2022 den Spaß am Fußball verloren habe. Für mich war es, als könne ich es niemandem recht machen. Dass ich das an mich rangelassen habe, hat mich rausgehauen und gestresst. Dadurch habe ich wiederum schlechter gespielt und das Ganze ging von vorn los, das war wie eine Spirale.

Wie gehst du mit dieser Situation um?

Der Druck, den ich habe, ist relativ – das habe ich jetzt viel besser verinnerlicht. Am Ende des Tages bin ich Teil einer Unterhaltungsbranche, wenn ich einen Fehlpass spiele, ist die Konsequenz eine andere als bei einem Chirurgen, der bei einer Herz-OP nicht aufpasst. Das ändert nichts daran, dass ich den Erwartungen anderer und von mir selbst gerecht werden will. Aber ich habe meinen Kreis verkleinert: meine Familie, enge Freunde und Mitspielerinnen, denen ich vertraue. Die wenigsten Menschen kennen mich wirklich, die kann ich an einer Hand abzählen. Wenn von ihnen oder von Trainern Kritik kommt, nehme ich sie an. Auf andere Stimmen höre ich weniger. Meine eigene ist eh laut genug.

Die eigene, nie schweigende Kritikerin?

Genau. Ich will immer alles perfekt machen und dass keiner etwas auszusetzen hat an mir. Ich stehe nicht auf dem Platz mit der Haltung: Ich bin eine der weltweit besten defensiven Mittelfeldspielerinnen, sondern hinterfrage mich permanent und sehe noch so viel Potenzial. Ich habe Dutzende Punkte im Kopf, was ich als Fußballerin verbessern könnte. Das war extremer, als ich viel von dem gelesen habe, was über mich geschrieben worden ist.

Lena Oberdorf sind ihre Fans wichtig. Wenn es irgendwie geht, nimmt sie sich Zeit für sie, auch für die jüngsten.

Links unten: Wie das Nationalteam Bronze bei den Olympischen Spielen gewann, verfolgte Lena Oberdorf nicht mehr vor dem Fernseher – sie war mitten drin.

Wie hast du in dieser Hinsicht die Reaktionen auf deinen Transfer vom VfL Wolfsburg zum FC Bayern verarbeitet?

Das war schon schwer. Ich konnte die Reaktionen verstehen, aber mir wurden Sachen unterstellt und Kommentare auf Social Media geschrieben, die Grenzen überschritten haben. Auf manches habe ich geantwortet, weil ich das nicht so stehen lassen konnte. Aber seit dieser Erfahrung lese ich weniger, weil mich so etwas nicht kaltlässt. Und ich kann nicht permanent alle Hintergründe meines Handelns erklären. Wie zum Beispiel, als ich einmal am Stadion keine Autogramme schreiben konnte. Dann hieß es gleich: „So arrogant und abgehoben! Mit dem Kopf schon in München! Schert sich nicht um die Fans!“ Dabei musste ich einfach heim, weil meine Eltern zu Besuch waren und loswollten.

> Ich habe einen Verein gewechselt, nicht mehr und nicht weniger.

Wie haben diese Erfahrungen deinen Blick auf den Fußball verändert?

Gerade die Phase um die Bekanntgabe meines Wechsels hat mich erwischt. Weil mich das daran erinnert hat, dass nicht alle uneingeschränkt auf deiner Seite sind und du nicht allen immer gefallen kannst. Mich hat das einerseits verletzt, andererseits ist mir dadurch wieder bewusst geworden, dass Fußball das sein sollte, was mir Spaß macht, was mir Freude bringt. Das hat aber nicht nur meinen Blick auf den Fußball verändert, sondern auch aufs Leben generell.

Das musst du bitte erklären.

Ich habe einen Verein gewechselt, nicht mehr und nicht weniger. Oder meine Kreuzbandverletzung: Für mich ist das schlimm, aber man muss differenzieren. Viele Menschen haben ganz andere, existenzielle Probleme. Und da kann ich mich doch glücklich schätzen, was für ein Leben ich ermöglicht bekomme durch den Fußball, all die schönen Seiten, die überwiegen. Dafür bin ich wirklich dankbar.

Es dauert noch ein paar Jahre, bis du deine Karriere beendest. Aber wenn es so weit ist: Was willst du als Fußballerin dann erreicht haben, wofür willst du stehen?

Für Werte wie Respekt, Fairness und die Leidenschaft. Ich möchte erinnert werden als Athletin, die immer das Beste aus sich und ihrem Team rausholen wollte. Vielleicht repräsentiere ich dann auch eine neue Generation von deutschen Spielerinnen – so, wie bei anderen Generationen Silvia Neid, Birgit Prinz und Alexandra Popp. In diese Reihe würde ich mich gerne einfügen mit dem, was ich noch erreiche. Wenn ich dadurch Kinder und Jugendliche für den Fußball motivieren kann – top Und es wäre schön, nicht allein für mein Spiel zu stehen, sondern dass die Leute sich denken „die war lustig, sympathisch und bodenständig“. Ich möchte im Fußball in Erinnerung bleiben als der Mensch Lena Oberdorf.

Lena in Zahlen

3 Tattoos hat Lena Oberdorf sich bisher stechen lassen. Auf dem rechten Unterarm die Verbindung von Herz und Kopf, auf dem Oberarm zwei künstlerisch gestaltete Gesichter und zwei Hände, die sich greifen.

5 Mit dem VfL Wolfsburg gewann sie einmal die Meisterschaft und viermal den DFB-Pokal. Beim FC Bayern soll ihre Titelsammlung wachsen. Am besten, klar, inklusive Champions League.

8 Ihre Rückennummer beim FC Bayern. Beim VfL Wolfsburg hatte sie die 5, beim Nationalteam ist die 6 aufgedruckt, orientiert an ihrer taktischen Position und welche Ziffer verfügbar war.

9 Ihr erstes Länderspieltor am 3. September 2019 beim 8:0 im EM-Qualifikationsspiel gegen die Ukraine erzielte Oberdorf in ihrer neunten Partie für die DFB-Frauen.

16 Als Teenager unterschieb Oberdorf mit 16 Jahren ihren ersten Profivertrag.

17 In diesem Alter wurde Oberdorf zur Nationalspielerin und steht nun in diversen Bestenlisten. Mit 17 Jahren und 109 Tagen ist sie die achtjüngste DFB-Debütantin, die sechstjüngste DFB-Torschützin (17 Jahre und 259 Tage) und jüngste deutsche WM-Debütantin: Mit 17 Jahren, fünf Monaten und 20 Tagen löste sie im Sommer 2019 Rekordnationalspielerin Birgit Prinz ab.

33 Nur knapp eine halbe Stunde brauchte Oberdorf in ihrem ersten Bundesligaspiel am 15. September 2018 beim MSV Duisburg für ihr erstes Bundesligator.

39 Gelbe Karten hat Oberdorf in den 154 Partien gesammelt, die sie für die SGS Essen und den VfL Wolfsburg auf dem Platz stand. Eine Rote Karte war noch nicht dabei.

174 So groß ist Oberdorf, gemessen in Zentimetern.

2001 In diesem Jahr wurde Oberdorf geboren.

2022 Oberdorfs Aussage „Frauenfußball, Männerfußball – es ist ein Fußball" wird 2022 beim Deutschen Fußball-Kulturpreis zum „Fußballspruch des Jahres" gekürt. Bei der EM in England wird sie außerdem als beste junge Spielerin ausgezeichnet und in die Elf des Turniers gewählt.

390.000 Der Marktwert der Mittelfeldspielerin wird vom Branchenportal Soccerdonna.de auf diesen Betrag geschätzt. Damit wäre sie die derzeit wertvollste Bundesligafußballerin. (Stand: August 2024)

406.000 Bei Instagram gibt Oberdorf Einblicke in ihr Leben, das interessiert ziemlich viele Menschen. Bei Tiktok kommen 278.000 Follower dazu. (Stand: September 2024)